超解 ロジカルシンキングで面白いほど仕事がうまくいく本

日本ラーニングシステム
代表取締役
本田一広

あさ出版

はじめに

■情報をより活用し、あなたの仕事力をランクアップ

「指示した仕事は正確にこなすが、言われないと動かない。年々、その傾向は強くなっているようだ」

「若い人が自ら行動しなくなってきた」

企業のお客様から、こうした声をよく聞きます。

そうなった原因は、どうも現在の学校教育にありそうです。

私は、経営コンサルタントとして、ボランティアで高校や大学へ進路指導のお手伝いに行くことがあります。そこで先生方のお話を聞いていますと、生徒に対する学習指導が至れりつくせりなのですね。テストの点数が悪ければ補講指導。悩み事は専門のカウンセラーを置いて対応……。

自分で考えて問題を解決する、行動する、自ら進んで様々な人に相談するといった機会を奪っているように思えます。

温室的な環境で育った学生が社会に出ると、免疫力がないためすぐに挫折してし

まいます。実際、厚労省のデータ（２０１４年度）によれば、入社1年以内の離職率は43・7％です。必ずしも本人だけの問題とはいえませんが、少なからず、社会に出るためのメンタルが欠けているように思えてなりません。

ロジカルシンキングは情報を整理する道具です。整理しないと情報は生きてこないからです。また、「生産性をあげる」「伝える」など、目的がないと情報整理はしないものです。そのため、本書ではいろいろなビジネスシーンでのスキル活用法を紹介しています。

日本国内に限っても、海外との取引も増え、また雇用形態も多様化し、いろいろな価値観をもった方々と仕事をするようになりました。いまや、海外ビジネスのみならずロジカルシンキングは国内でのビジネスでも不可欠になったといえましょう。

本書のロジカルシンキングは、自ら論理的に考え行動し、どのような人とでもきちんと論理的な会話ができ、誰が読んでも相手に通じる文書が作成できる能力を高められるように、という思いで執筆しました。そして、なるべくたくさんの事例を掲載しビジネスで使えるよう工夫を凝らしました。

本書を参考に、みなさま方の論理力を高めていただければ幸いです。

２０１６年8月

本田　一広

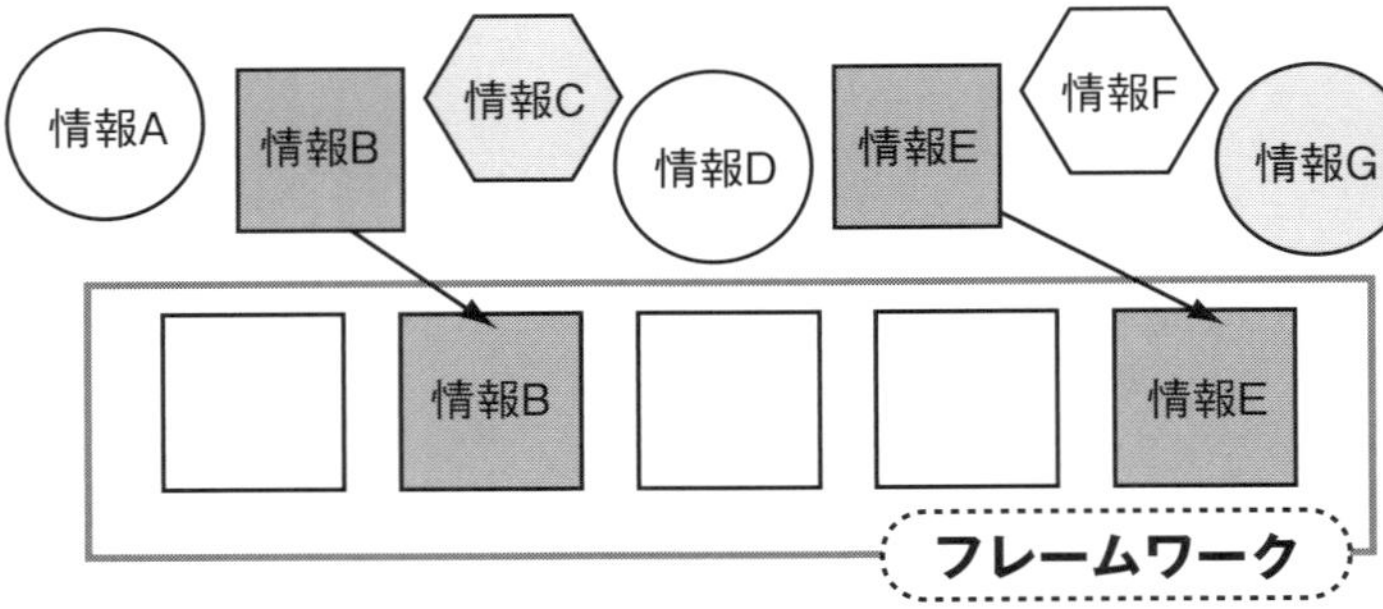

フレームワークで必要情報と不要情報を取捨選択。

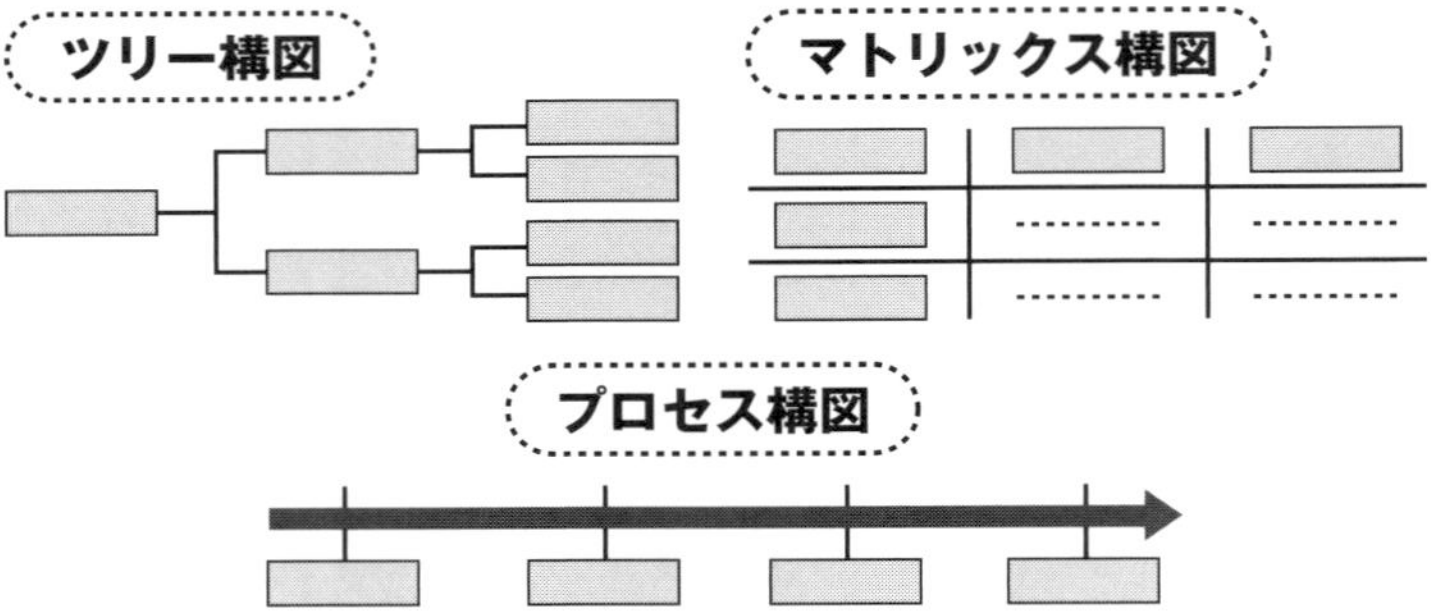

目的や情報の性質によって３構図を使い分ける。

相手に伝わりやすくなる構成

１．テーマ：何の話か

２．結論：何を言いたいのか

３．大項目：話のポイントは

４．構図：構図に基づいて話す

――以上、４点の構成に基づくと相手に伝わりやすい。

■ロジカルシンキングの全体像

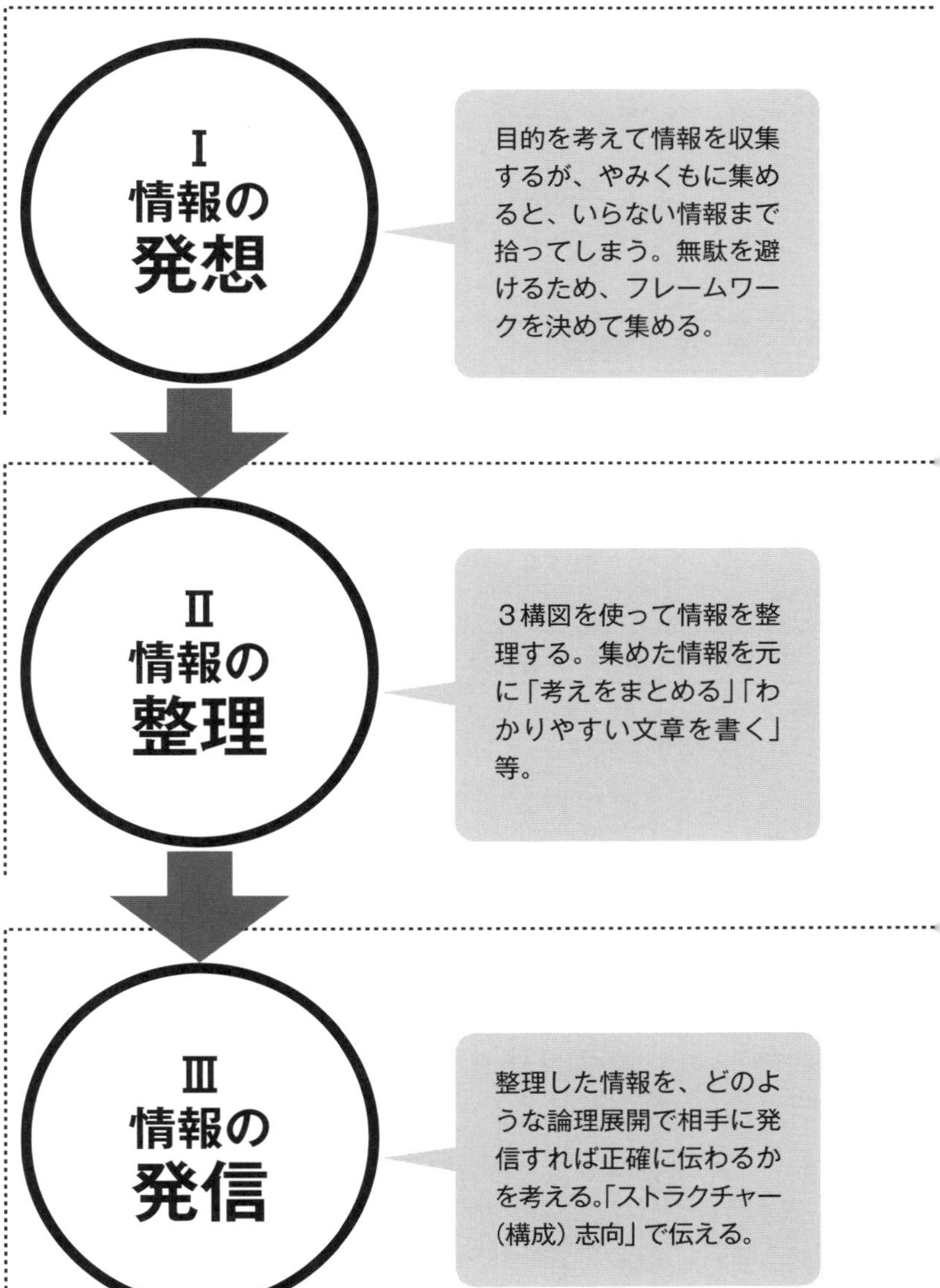
Ⅰ
情報の
発想
目的を考えて情報を収集するが、やみくもに集めると、いらない情報まで拾ってしまう。無駄を避けるため、フレームワークを決めて集める。
Ⅱ
情報の
整理
３構図を使って情報を整理する。集めた情報を元に「考えをまとめる」「わかりやすい文章を書く」等。
Ⅲ
情報の
発信
整理した情報を、どのような論理展開で相手に発信すれば正確に伝わるかを考える。「ストラクチャー（構成）志向」で伝える。

■３構図の応用

分散構図

共通認識できる一般化されたものから事象を検討(説明)する際に使用。

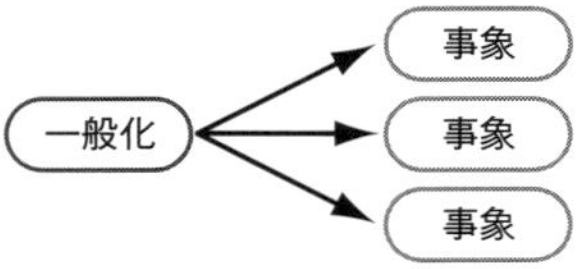

収束構図

事象から共通認識できる一般化を検討（説明）する際に使用。

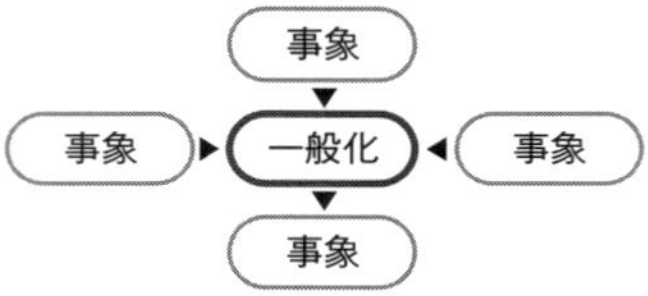

ポジショニング構図

対照的な情報をＸ軸、Ｙ軸にそれぞれ置き、この２軸の関係から新たな情報を作り出したい時に使用。

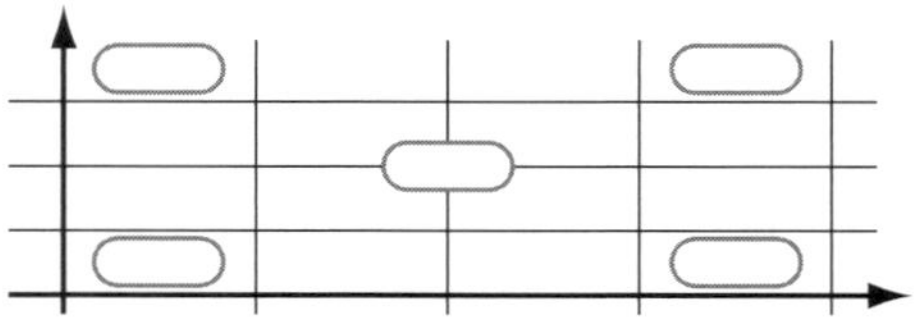

力の場の分析構図

規制力と推進力が同時に働く課題について、その力関係の時間経過による変化を分析する際に使用。

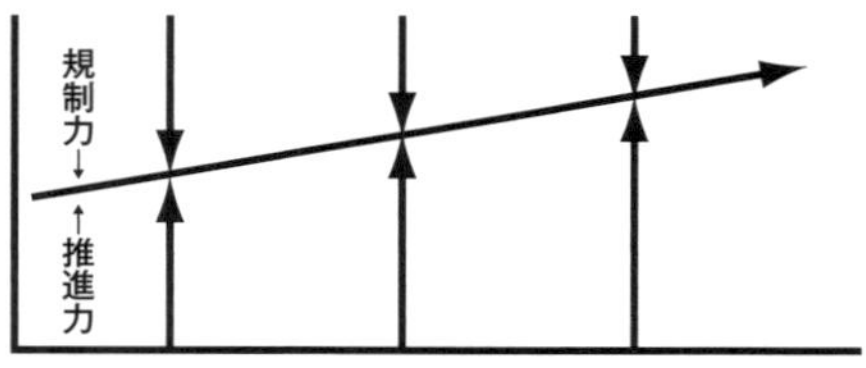

■３構図の使い方のポイント

ロジカルシンキングの体系上もっとも大切なのは、情報整理です。基本３構図を使えば、ほぼすべてのビジネスシーンに対応できるので、各特徴を覚えておきましょう。

ツリー構図

情報を、大項目 → 中 → 小と階層化して整理する際に使う、もっとも使用頻度の高い構図。

例)・結果→原因→さらに原因を掘り下げ……
・一般論→事例→さらなる事例……

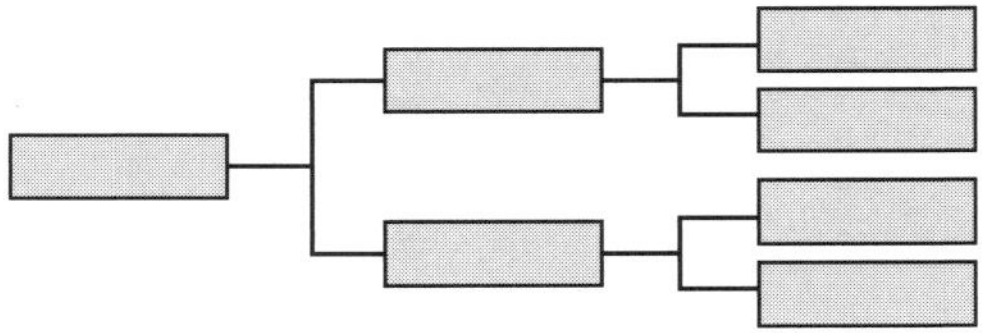

マトリックス構図

縦と横の情報を組み合わせて整理する際に使う。表などの形で使う場合が多い構図。

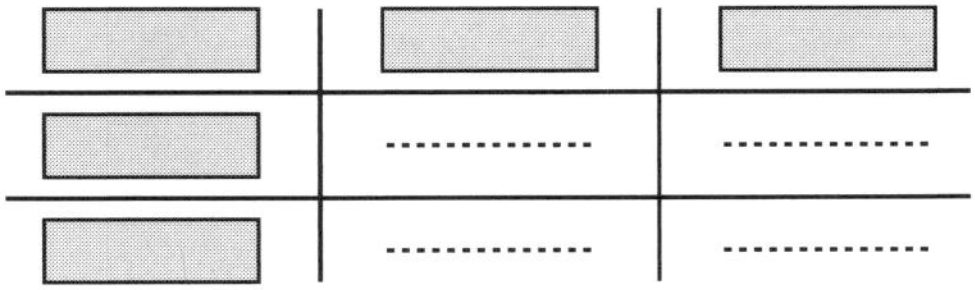

プロセス構図

情報を時間軸で整理する際に使う。手順などを示す際に使う場合が多い構図。

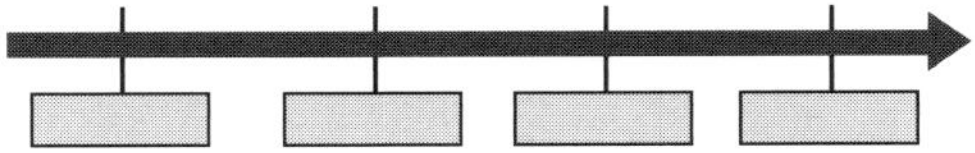

第1章 ロジカルシンキングを身に付ける

第4章 論理的なコミュニケーションを取る

第5章 論理的な文章を作る

第6章 職場で活用する

第1章

ロジカルシンキングを身に付ける

ビジネススキルの基本である論理的思考を身に付ければ
仕事の効率はアップする

複雑かつ加速化する現在、ますます必要とされる

今の時代に対応するうってつけの道具

■ロジカルシンキングはビジネススキルの基本

ロジカルシンキングとは「**論理的思考であり、誰にでもわかりやすく筋道が通った考え方**」のことです。これをビジネスシーンで生かすということは、物事を論理的に考える、仕事の段取りをつけ効率的かつ正確に行う、企画について簡潔明瞭に話す、わかりやすい文書を作成する……といったことです。

つまり、普段のルーティンワークから企画業務に至るまで、様々な場面において必要な能力といえます。企業が長年にわたってロジカルシンキングを導入しているのは、ビジネススキ

■思考・行動・コミュニケーションに使える

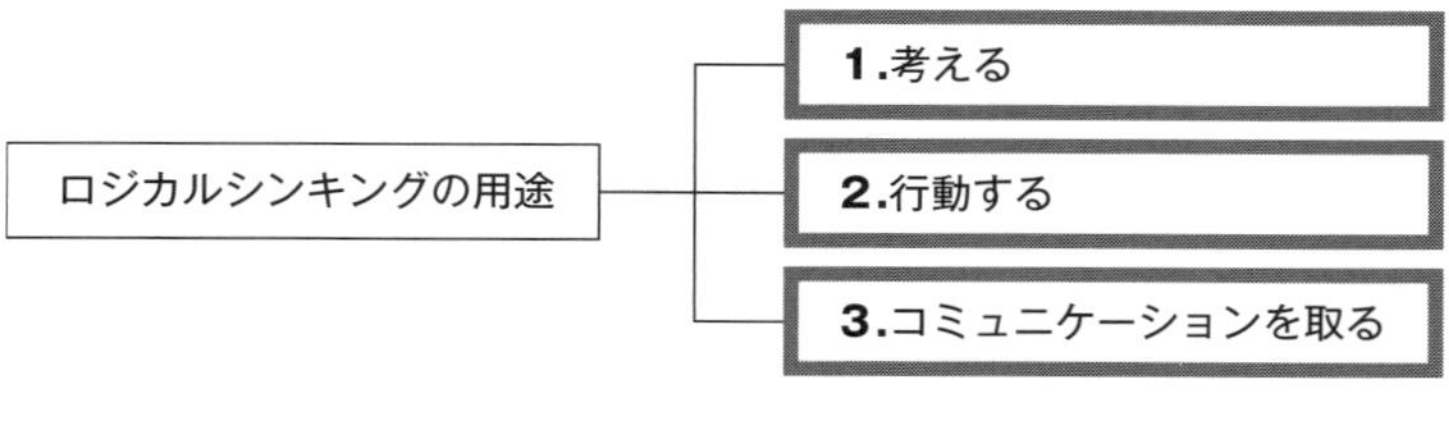
ロジカルシンキングの用途
1.考える
2.行動する
3.コミュニケーションを取る

ロジカルシンキングはあらゆる仕事の基本ツール

ルの基本だからです。

■ ますます求められている、3つの背景

ロジカルシンキングが求められている背景として、大きく3点あります。

1点目は、企業のグローバル化が進んでいることです。グローバル化により、様々な国の人とコミュニケーションを取る必要が出てきます。

ロジカルシンキングは、アメリカの大学のMBA（経営学修士）での主要科目にもなっている**グローバルな理論**です。ロジカルシンキングを踏まえた考え方や話し方は、他国の人と仕事をするとき、話をするときにも**重要な道具**になります。

2点目は、情報過多の時代になったことです。仕事の段取りをつけたり、取引先と話をしたり、文書を作成したりする場合、大量の情報の中から要・不要を判断しなくてはなりません。

ロジカルシンキングには、**情報整理学**という面もあるため、

■複雑になった今だからこそ求められている

現代社会に対応するためになくてはならない技術

情報過多になった今こそ求められているのです。

3点目は、ビジネス活動の加速化です。国内・国外問わず、商品やサービスのライフサイクルが年々短くなっていることはおわかりでしょう。ライフサイクルが短くなれば、当然、仕事にもスピードが求められます。

ロジカルシンキングにより、手早く仕事の段取りをつけることができたり、**短時間**で資料を作成したりできるようになるのです。

■アメリカと日本の思考プロセスの違い

ロジカルシンキングは、2001年頃にアメリカから日本へ渡ってきました。この考え方を理解するために、まず、アメリカと日本の歴史や文化の違いを知っておく必要があります。

1点目は**思考プロセスの違い**です。

アメリカからやってきたロジカルシンキングは、トップダウンで考えます。課題に対して、まず大項目を考え、中項目↓

小項目を考えていくというプロセスです。しかしながら、日本人は、ボトムアップで考える傾向にあります。小項目→中項目→大項目へと考えていくパターンということです。

■ハイコンテクストとローコンテクストの違い

2点目は、**コミュニケーション方法の違い**です。

日本はハイコンテクスト、アメリカはローコンテクストという違いがあります。

コンテクストとは、文脈や背景という意味です。つまりハイコンテクストとは、文脈や背景など言葉以外で意味を察するコミュニケーションを指します。一方、ローコンテクストとは、言葉そのものの意味を重視するコミュニケーションです。

企業のグローバル化が進む今、仕事で成果を出すには、どの国の人でも理解できるコミュニケーション方法を取らなくてはなりません。つまり、ロジカルに伝えるローコンテクストでのコミュニケーションが求められるのです。

■海外との仕事ではもっと直接的な表現が求められる

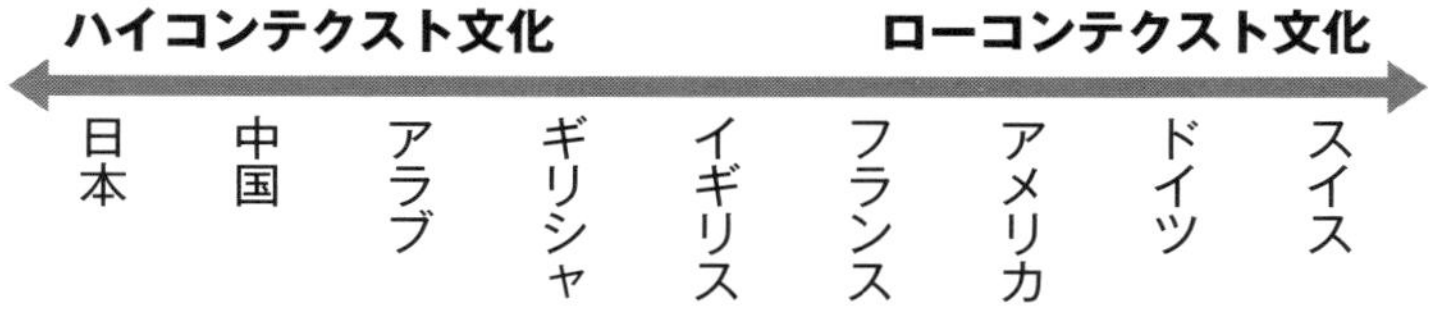

引用:エドワード・T・ホール著『文化を超えて』

海外、特に欧米人とコミュニケーションを取る際、
ローコンテクスト文化に対応した話し方が必要

ロジカルシンキングの体系はシンプル

大枠の構成要素はたった3つ

■覚えることは意外と少ない

ロジカルシンキングは複雑で難しい、と感じている人は多いでしょう。しかしその構成は、とてもシンプルです。

Ⅰ　情報の発想
Ⅱ　情報の整理
Ⅲ　情報の発信

つまり、情報を集め、整理し、発信するのがロジカルシンキングです。これは、ビジネスシーンでの「考える」「話す」「行動する」際のすべてに共通しています。

■基本３構図:ツリー構図

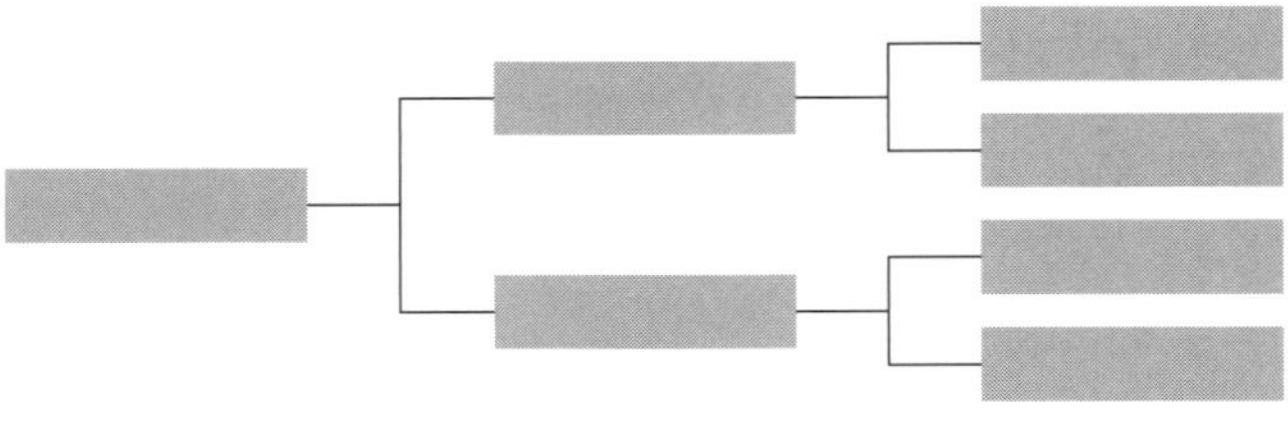

情報を階層化して整理する

■枠組みを決めて情報を収集

人は、考えたり、話したり、行動したりする場合、意識する・しないに関わらず情報を集めています。このとき、やみくもに情報を集めていては、不要な情報まで手に入れたりして無駄が多く、時間もかかります。

無駄を避けるためにも、フレームワーク（↓22ページ）という枠組みを決め、その範囲内で情報を集めるようにします。

■3つの構図を使って情報を整理

情報整理は、ロジカルシンキングの体系上もっとも重要です。整理が不十分だと、考えがまとまらなかったり、話のつじつまが合わなくなったり、文書がわかりづらくなったりします。

情報整理に使う構図は、「**ツリー構図**」「**マトリックス構図**」「**プロセス構図**」です。

3つの構図には、それぞれ特徴があります。

■基本3構図:マトリックス構図

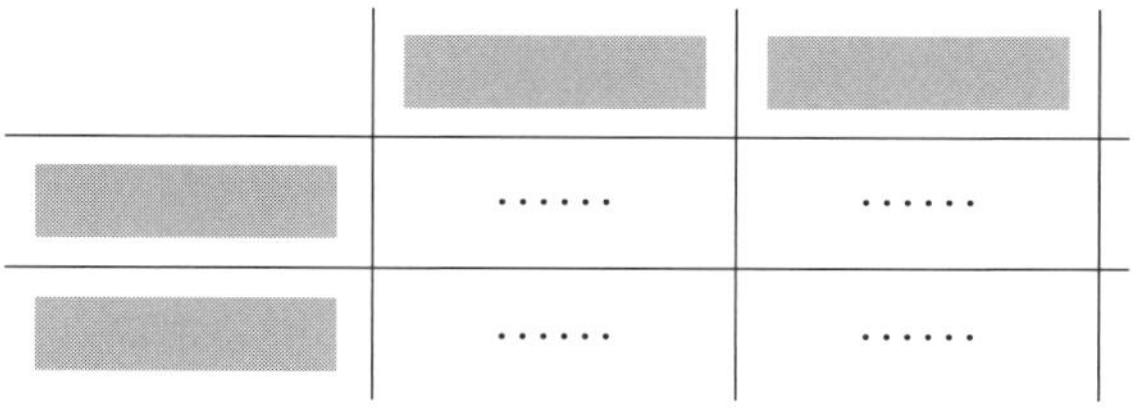

情報と情報を組み合わせて整理する

ツリー構図は、情報を階層化して整理する場合に使用します。ちょうど木の形のように見えるので、ツリーといいます。もっとも使用頻度の高い構図です。

マトリックス構図は、情報と情報を組み合わせて整理します。情報と情報を組み合わせることにより、新たな情報を創造したり、比較して違いを明らかにしたりする場合に使います。

プロセス構図は、時間軸で情報を整理する時に使用します。

■使用目的や情報の性質によって使い分ける

3構図のうちどれを使うかは、**使用目的や情報の性質で選びます**。ただし、この3つは基本構図で、情報の種類によっては、3構図の考え方を基にした応用構図を使ったり、複雑な情報の場合は3構図を組み合わせた複合構図を使用したりします。

いずれにせよ、3構図をきちんとこなせるようになれば、ほとんどの情報は整理できます。**整理できない情報は、逆にバラバラで意味不明の情報といっても良い**でしょう。

■基本3構図:プロセス構図

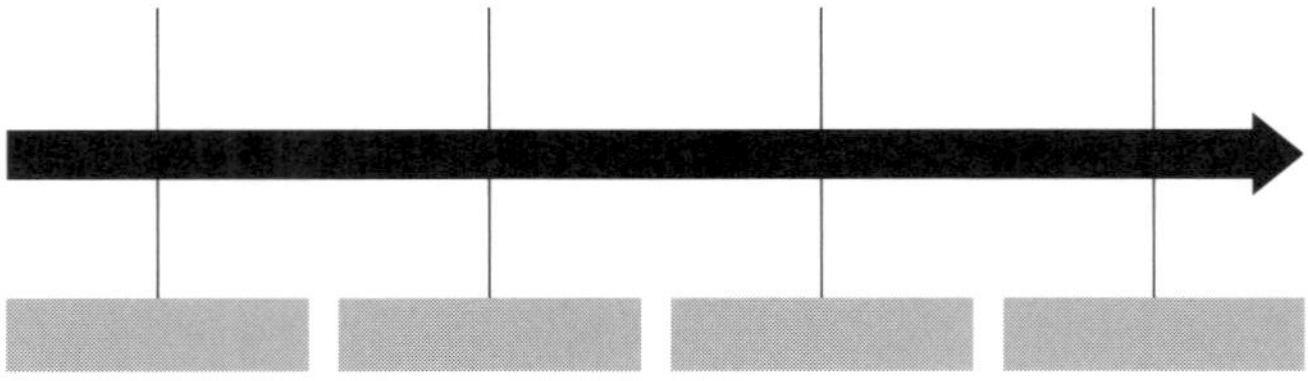

情報を時間軸で整理する

■ロジカルシンキングは大きく3部から成り立っている

ロジカルシンキングとは、論理的思考であり、
誰でもわかりやすく筋道が通った考え方のこと

ロジカルシンキング体系表

Ⅰ 情報の発想	フレームワーク発想(枠組みで発想)
Ⅱ 情報の整理	ツリー構図(要因図) マトリックス構図(相関図) プロセス構図(時系列図)
Ⅲ 情報の発信	ストラクチャー志向 (論理的な構成)

ロジカルシンキングを使用する場合、
必ずロジカルシンキング体系を経る

3原則を押さえて情報収集からスタート

枠を決め、自由に、相手の立場に立って収集

■フレームワークで情報収集

ロジカルシンキングで使う情報を集める場合、いくつかの注意点があります。

まず、フレームワークで集めるということです。フレームワークとは、物事を論理的に考える場合の枠組みです。例えば、職場における課題や問題点を考察するとき、方向性や範囲を決めて情報を収集する、といったことです。

フレームワークで情報収集するのは、情報が**偏ってしまったり、思い込みだけで情報収集したりするのを避ける**ためです。

■フレームワーク（枠組み）で情報を集める

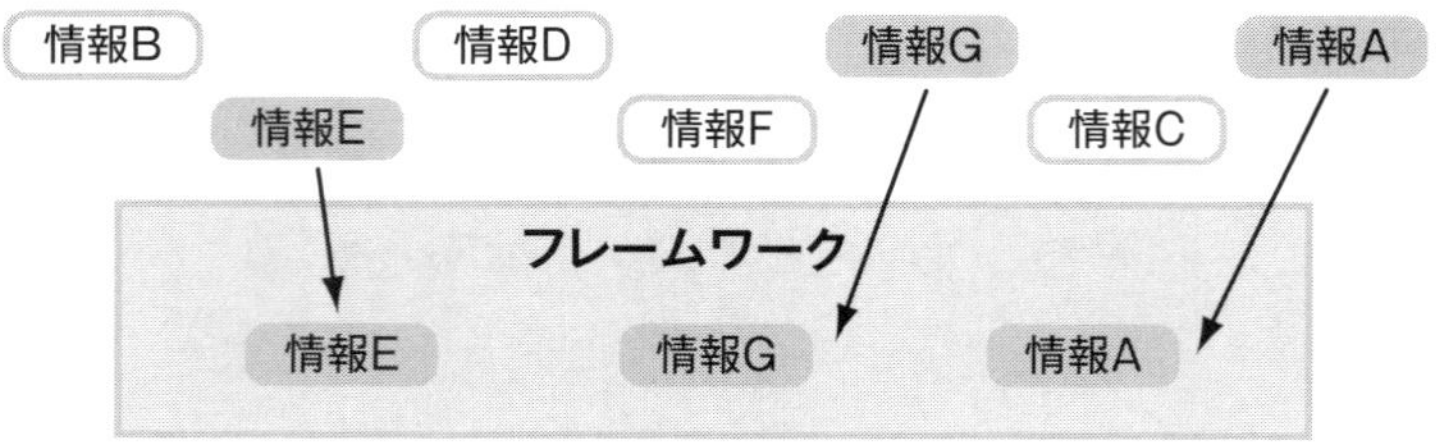

フレームワークは情報の取捨選択の手段

フレームワークもなしに課題や問題点を考えると、自分が普段考えたり気になったりしている情報ばかり集めたり、個人の経験や知識のみに基づいて情報を集めたりしてしまいます。

フレームワークとして、経営モデルや経営理論などを利用することも考えられますが、実際には、ビジネスの現場において経営モデルや経営理論を頻繁に使うことはありません。

使うのは一部の企画担当者くらいで、ほとんどの場合、自らフレームワークの構想を練って情報を集めることになります。

この点は、ロジカルシンキング上、重要な課題ですので、のちほどＭＥＣＥ（ミッシー↓26ページ）の解説の中で詳しく触れていきます。

■ゼロベースで情報収集

フレームワークの中では、自由に情報を集めます。**制約条件、既成概念、固定観念、前例にこだわらず**に情報を収集することが大切です。

・制約条件……「コストがかかる」「時間がかかる」「設備がいる」「人がいる」など。
・既成概念……「上司がこう言ったから」「会社の方針がこうだから」など。
・固定観念……「きっと失敗するだろう」「当社の技術力や営業力ではだめだ」など。
・前例……「以前、この方法ではうまくいかなかったから」など。

これらは、自らの発想をストップさせるだけで何の効果もありません。まずは、こうした考えを取り払って情報収集することです。

■マーケティング発想に立つ

マーケティング発想とは、相手の立場になって情報を収集することです。相手や対象企業が何を望んでいるのか、どのような情報を欲しているのかを考えます。

情報に対する理解度、認識度、知識度から、思想、価値観、嗜好、前提条件まで探るのです。こうした要因を元に、「Ⅲ 情報の発信」（↓21ページ）の内容を決めます。

■直接、相手に聞くのも有効

ビジネスシーンでは、往々にして、情報を伝える相手や対象企業を調査する場合が生じます。調査会社や人脈を使うのが一般的ですが、もっとも簡単かつ有効で、費用のかからない方法をご存じでしょうか。

それは直接、相手から聞き出すことです。

「何だ、そんなことか」と思われるかもしれませんが、意外にできていない方が多いのです。実際、私共で実施している質問の仕方に関する研修では、「どのように質問して良いかわからない」と言う方が多いのです。

この課題については、ロジカルリスニングの節（↓108ページ）で詳しく紹介します。

MECEで効率良く情報を収集・整理

ルールに従ってモレやダブりを防止

■有用だが活用しづらいMECE

MECEとはMutually Exclusive Collectively Exhaustiveの頭文字を取り「**相互に重なりがなく、すべてを網羅する**」という意味です。

情報を整理する際に、この考え方を踏まえ、**モレなくダブりなく整理**します。これは、**フレームワークで情報を収集し整理する際のポイント**といえます。

しかし、はじめからこのMECEを意識して情報を整理するのは困難で、何度も練習を重ねなければ身に付きません。少しでも早く使いこなせるよう、ＭＥＣＥの考え方を基に、よりわかりやすく簡単に情報を整理するルールを紹介します。

■大項目の3つのルールを押さえる

情報を整理する場合、大切なルールがあります。大項目をはじめ、中項目以下の各階層も、以下の３点のルールに従って情報を整理すると、ＭＥＣＥを踏まえた情報整理ができます。

・大項目の「大きさ」をそろえる……大きさとは、言葉が意味する概念の大きさです。

(事例)

私の好きな旅行先は、1．京都、2．沖縄、3．九州です。

明らかに「3．九州」が大きすぎます。「3．宮崎」ならば大きさはそろいます。

・大項目の「種類」をそろえる……種類とは、主旨や訴求ポイントを意味します。つまり、伝えたいことがそろっていなければなりません。

■大項目３点のルール

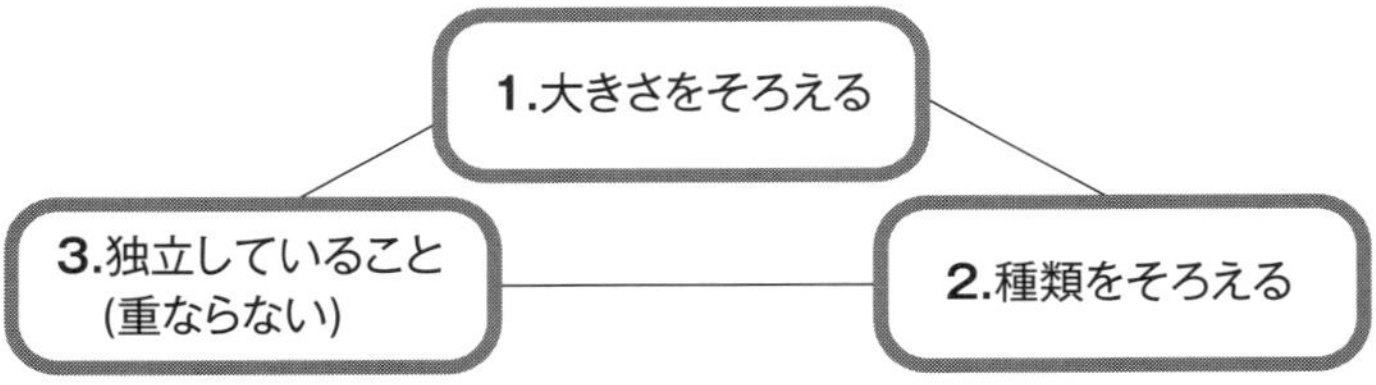

1.大きさをそろえる
2.種類をそろえる
3.独立していること
(重ならない)

MECEにより情報を整理するには、
大項目３点のルールを守ること

（事例）

この車の特徴は、1．都会的な洗練されたデザイン、2．燃費の良いエンジン、3．欧米で人気がある。

1と2の答えは車の特徴ですが、「3．欧米で人気がある」は特徴ではありません。「3．安全性に優れている」ならば種類がそろいます。

・**大項目は独立させる（重ならない）**……大項目では、概念が重ならないことが大切です。

（事例）

このライターは、1．色が透明、2．軽い、3．中身が見える。

1と3が重なっていることに気づかれたでしょうか。例えば「3．値段が100円」ならばすべての項目が独立します。

以上の大項目の3つのルールが身に付いていれば、情報がきちんと整理できるため、相手にわかりやすく伝えることができます。MECEという言葉を聞いたら、大項目3点のルールで情報を整理することを思い出してください。

■MECEによる情報整理例

事例　チョコレートの切り口を考える

切り口 1 メーカー別

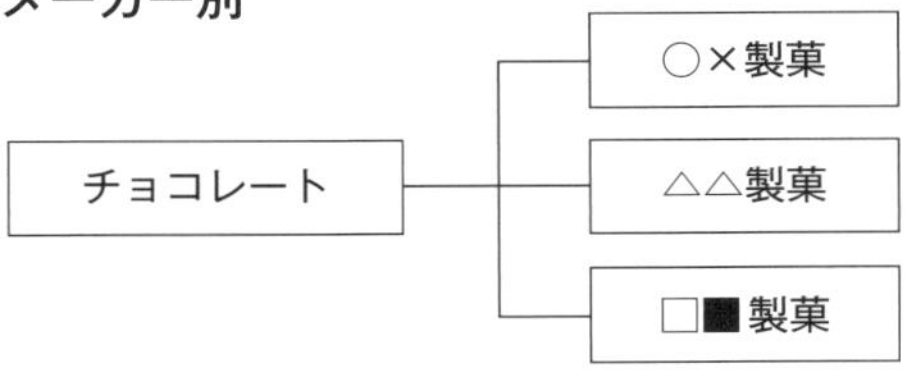

チョコレートメーカーという切り口で情報を収集し、
MECEで情報を整理

切り口 2 流通チャネル別

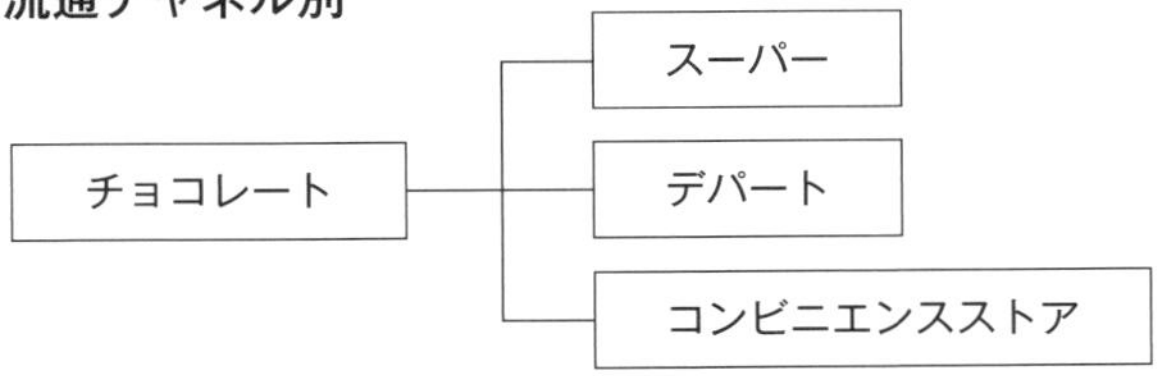

チョコレートの流通チャネル別という切り口で情報
を収集し、MECEで情報を整理

切り口 3 用途別

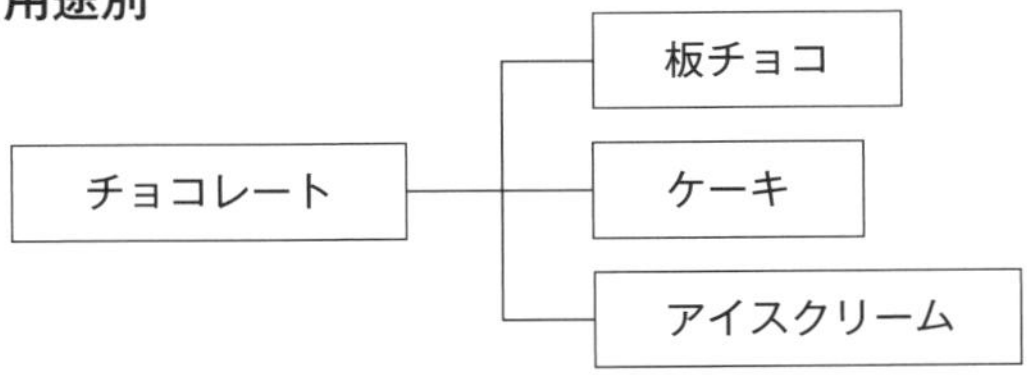

チョコレートの用途別という切り口で情報を収集し、
MECEで情報を整理

どのような切り口で、情報を集め整理するかが重要

知っていると重宝な3構図の応用

基本が身に付いていれば活用も容易

■ツリー構図の応用──分散構図と収束構図

ツリー構図の応用として、一部の大項目と小項目を抜き出した分散構図と収束構図があります。

《分散構図》

分散構図は、共通認識できる一般化されたものから事象を検討（説明）する際に使用します。これを、**演繹的アプローチ**といいます。

下図の事例をご覧ください。一般化から事象を説明しています。

■経営悪化の原因を分散構図で考えてみよう

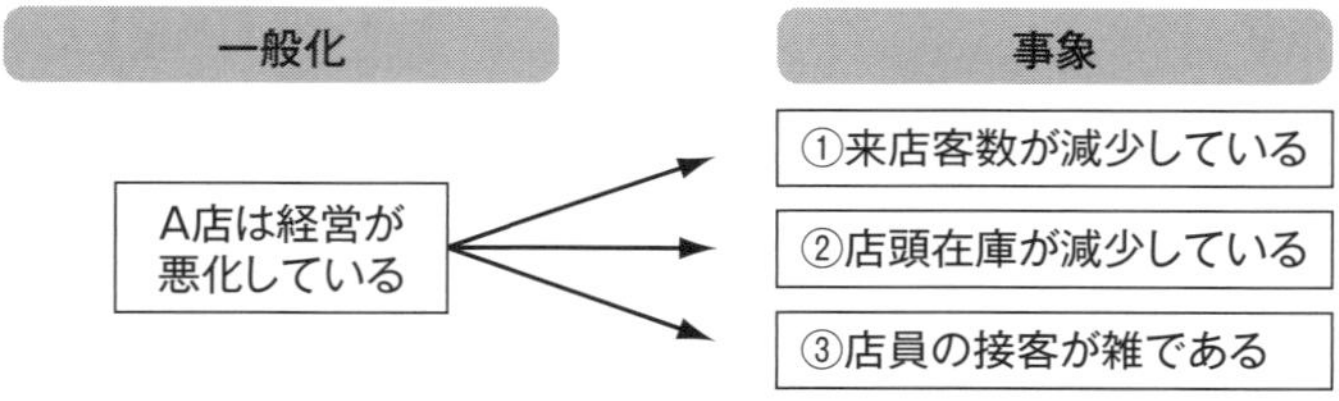

一般化
事象
A店は経営が悪化している
①来店客数が減少している
②店頭在庫が減少している
③店員の接客が雑である

ツリー構図のテーマに一般化された情報を設定し、大項目に事象を置く

（事例）

「A店は経営が悪化しているようだ（**一般化**）。なぜなら、①来店客数が減少している。②店頭在庫が減少している。③店員の接客が雑である」

収束構図は、この逆に事象から一般化を検討（説明）する際に使用します。これを、**帰納的アプローチ**といいます。

（事例）

「①来店客数が減少している。②店頭在庫が減少している。③店員の接客が雑である。よって、A店は経営が悪化しているようだ（**一般化**）」

《収束構図》

「A社の営業力は業界トップ」という具体的な理由を示す場合を、収束構図を使って表します。

（事例）

「A社は、①提案営業力が高い。②消費者に対し話題性を提供するプロモーションがうまい。③卸売店、直販店、ネット通販とそれぞ

■様々な事象を収束構図で一般化してみよう

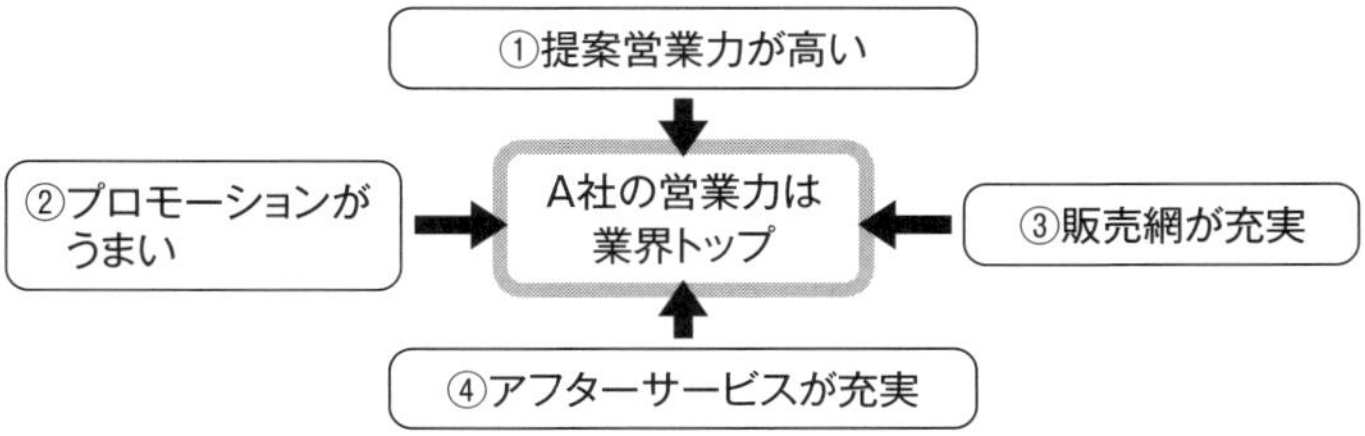

事象から、共通認識できるよう一般化して情報を整理

れの流通特性を生かした販売網が充実している。④お客様に対するアフターサービスが徹底している。従って、A社の営業力は業界トップだ」

■マトリックス構図の応用――ポジショニング構図

「情報と情報を組み合わせ新たな情報を創出する」というマトリックス構図の考え方から生まれたものに、ポジショニング構図があります。

ポジショニング構図は、対極的な情報をX軸、Y軸という2軸に置き、この2軸の関係から新たな情報を創出するというものです。

この構図は、新聞やテレビなどで結構見受けられるので、みなさんもご存じかもしれません。

《ポジショニング構図》

下図は、縦軸に「人生を頑張る」、横軸に「人生を楽しむ」と設定し、生活者のライフスタイルを表しました。

■ポジショニング構図でライフスタイルを分析してみよう

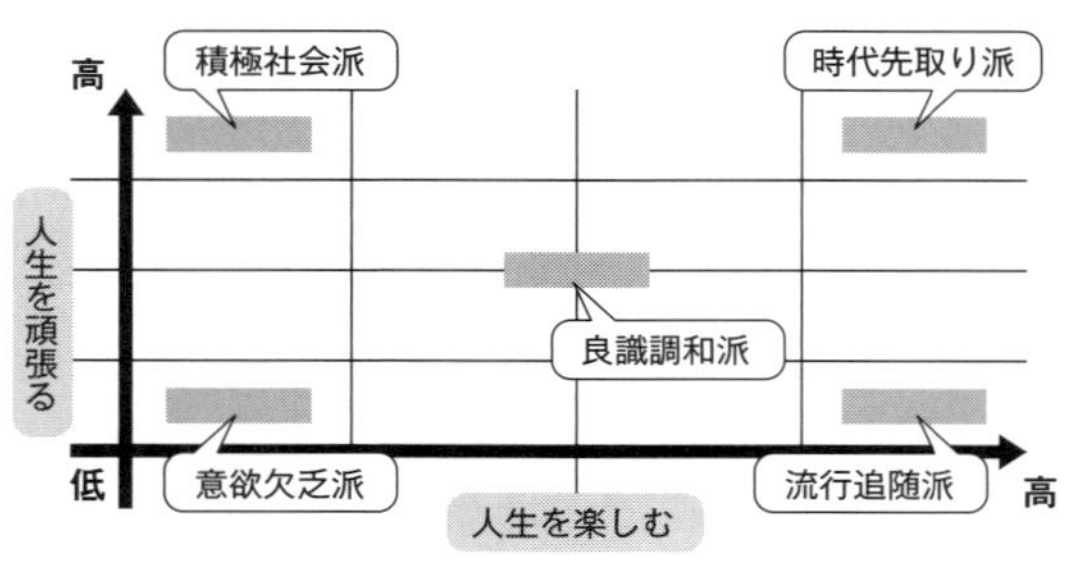

■プロセス構図の応用――力の場の分析

ある課題に対して、規制力と推進力が同時に働いている場合があります。その拮抗する力関係は、時間と共にどのように変化しているのか？　こうしたことを分析する構図を力の場の分析といいます。

規制力とは、課題を規制しようと働く力です。

推進力とは、課題を推し進めようと働く力です。

《力の場の分析構図》

下図の事例は、喫煙者が減っている原因を分析した力の場の分析構図です。喫煙率を高めようと働く規制力と、喫煙率を低下させようと働く推進力には、どのような要素があるかを分析しました。

時間軸の直線は右肩上がりとなっていますが、これは時間の経過と共に規制力が低下し、反対に推進力が向上しつつあることを示しています。

■力の場の分析構図で喫煙者減少の原因を分析しよう

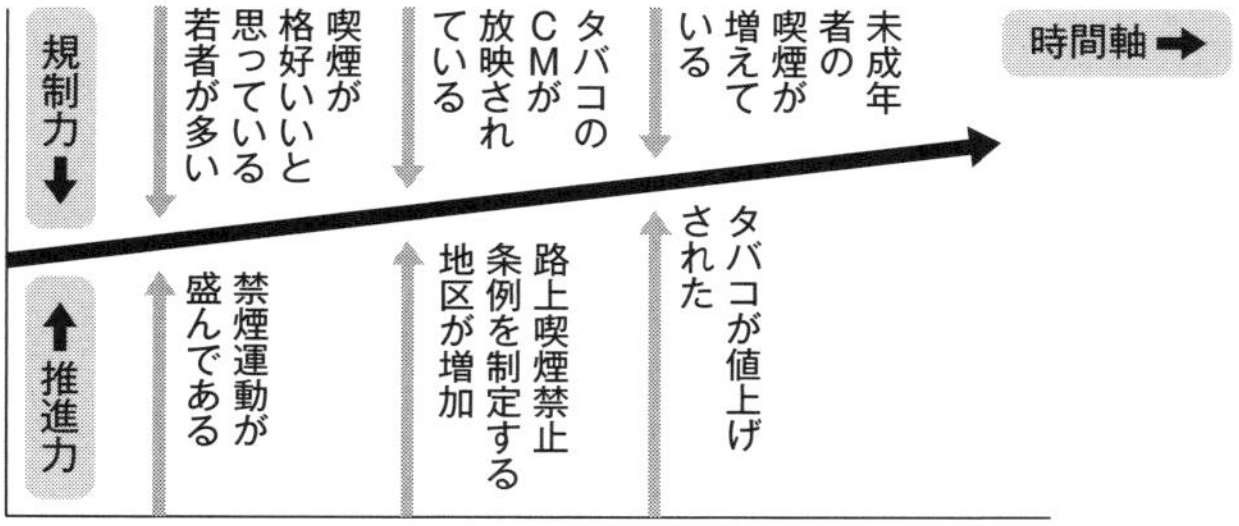
時間軸
規制力
推進力
未成年者の喫煙が増えている
タバコのCMが放映されている
喫煙が格好いいと思っている若者が多い
タバコが値上げされた
路上喫煙禁止条例を制定する地区が増加
禁煙運動が盛んである

ロジカルシンキングは上手な発信が重要

考えるべきは論理展開、相手の心、与える印象

■ 発信方法が悪ければ情報は伝わらない

ロジカルシンキング体系（↓21ページ）でいう「Ⅱ 情報の整理」の段階で、構図により整理された情報は、提案、発表、報告、文書など何らかの手段で発信されます。

いくら整理された有効な情報でも、発信方法が悪ければ正確に伝わりません。

情報を発信する際には、「ストラクチャー志向」「マーケティング志向」「プレゼンテーション志向」の3つの考え方が重要です。

■論理展開を考えるストラクチャー志向

正確に相手に伝えるために、どのような構成で伝えたら良いか考えることを、ストラクチャー志向といいます。構成がしっかりしていなければ、相手には正確に情報は伝わりません。

構成とは、論理展開のことです。**どのような論理展開で相手に発信すれば正確に情報が伝わるか**を考えなければなりません。

そこで重要になってくるのが、構成の立て方です。

情報整理でよくある失敗は、はじめから中身のコンテンツに入ってしまうケースです。

後で構成を立てると、それぞれの内容との関係に無理が生じて、明快な論理展開にならなかったり、必要な情報が欠落したり、逆に不要な情報が入ったりするのです。

まずは**構成を立て、それから中身を検討するという習慣が大事**です。また、構成を立てるうえで、以下のマーケティング志向と、プレゼンテーション志向も重要になってきます。

■相手に伝わりやすくなる構成はコレ！

1．テーマ：何の話か
2．結　論：何を言いたいのか
3．大項目：話のポイントは
4．構　図：構図に基づいて話す

4点のストラクチャー（構成）に基づき、話すとわかりやすい

■相手のことを考えるマーケティング志向

マーケティング志向とは、**相手の立場に立って発信する**ということです。相手が何を望んでいるのか、どんな情報を欲しているのか。情報への理解度、認識度、知識度、はては、思想、価値観、嗜好、前提条件まで考慮し発信方法を決定します。

相手の立場に立つという考えは、発信の段階だけでなく、ロジカルシンキング体系「I 情報の発想」でも重要です。

ビジネスパーソンに日本経済の話をする場合と、小学生に話す場合では、集める情報も発信方法も、当然のことながら変えなければなりません。

■与える印象を考えるプレゼンテーション志向

プレゼンテーション志向とは、いかに相手にわかりやすく、かつ印象深く情報を伝達するかを検討することです。わかりやすく、しかも人間の生理学的な視点から検討する必要があります。生理学的な視点とは、人間は五感を使って情報を得ているという事実を考慮することです。

視覚に訴えるのがもっとも効果的といわれていますが、五感それぞれの特徴を踏まえた発信方法が望まれます。五感のどの部分を刺激すれば、相手に正確に、印象深く情報を伝達できるかを検討すべきです。

そのため、まず情報を伝達する環境作りから準備します。展示会、試食会、試乗会、講演、会議、面談などの環境を企画するということです。

次に伝達手段として、実物見本、ビデオ、パワーポイント、カタログ、提案書といったプレゼンテーションツールを決定し、それぞれの演出効果を考えます。

実物見本ならば、展示位置や照明、音響など。パワーポイントならば、スライドの文字、図、グラフの形や色、レイアウト、演出効果など。提案書であれば、全体のレイアウト、読みやすさ、情報量などです。

■五感からの情報収集割合

五感	割合
聴覚	11%
視覚	83%
嗅覚	1%
味覚	2%
触覚	3%

視覚を刺激する情報伝達方法がもっとも効果的

出典:『産業教育機器システム便覧』(1972年)

弊社の研修で実際に行っているもののうち、重要で効果の高い問題を厳選して第１章〜第５章の各最後のページに掲載しました。ロジカルシンキングを身に付けるため、ぜひトライしてみてください。

TRAINING

1 大項目3点の設定スキルを向上させる

情報を、モレなくダブりなく整理するため、「大項目3点のルール」により、ツリー構図の大項目3点、マトリックス構図の比較検討項目、プロセス構図の大項目を設定する必要があります。下記はその練習問題です。27 ページを参考に、ルールに従って3つの理由を書き出してみてください。

【 問 題 】

旅行に行くなら海外旅行？ 国内旅行？
どちらかを選択し理由を３点述べてください。

□□旅行が良い

理由 1）

2）

3）

【 模範解答 】

（例1）

国内旅行が良い

理由 1）食べ物がおいしい
2）移動時間がかからない
3）治安が良い

（例2）

海外旅行が良い

理由 1）視野が広がる
2）刺激がある
3）考え方が変わる

※解答のポイント
大項目３点のルールが守られているか

第2章

論理的に
問題を解決する

問題が起きた原因を的確に見つけ、
最適な解決策を導くルールを覚える

職場での活用範囲が広い問題解決のプロセス

いつまでに、どの程度改善されるかの目標設定が重要

■仕事のパフォーマンスを上げる問題解決

私は、経営コンサルタントとして約30年間企業のお手伝いをしてまいりましたが、不思議に思うことがあります。コミュニケーション系統の研修需要と比較して、問題解決系統の研修の割合が非常に少ないのです。

しかしながら、この問題解決の考え方は仕事を進めるうえで、広範囲にわたり利用できるものなのです。仕事のパフォーマンスを上げるためにはなくてはならない重要な技術といえます。

確かに、問題解決はコミュニケーションの技術より難しい点

■あらゆる問題に対処できる問題解決のプロセス

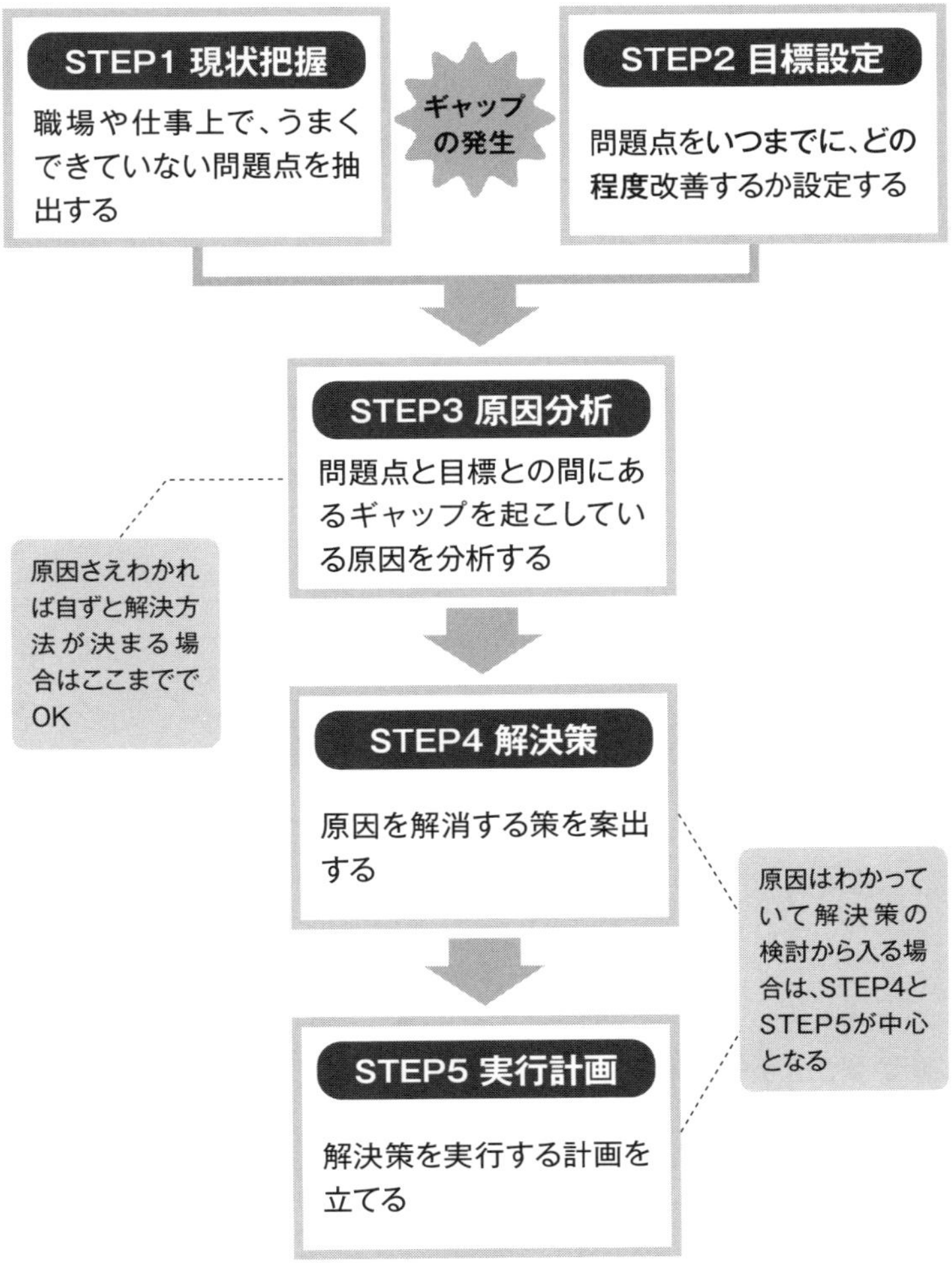
STEP1 現状把握
職場や仕事上で、うまくできていない問題点を抽出する
ギャップの発生
STEP2 目標設定
問題点をいつまでに、どの程度改善するか設定する
STEP3 原因分析
問題点と目標との間にあるギャップを起こしている原因を分析する
原因さえわかれば自ずと解決方法が決まる場合はここまででOK
STEP4 解決策
原因を解消する策を案出する
原因はわかっていて解決策の検討から入る場合は、STEP4とSTEP5が中心となる
STEP5 実行計画
解決策を実行する計画を立てる

このやり方を身に付けていれば、
あらゆる問題に対処できる

があります。それは、より論理的な考え方が要求されるからです。しかし、問題解決を進めるうえでのプロセスや原因分析の方法、解決策の案出方法といったルールを身に付けてしまえば、後は実際に問題を解決したいテーマを決めて、ルールに従い情報を入力すれば良いだけです。

一度覚えてしまえば、それほど難しくありません。ちょうど、数学の公式に数字を入れて答えを出すのと似ています。

問題解決のプロセスが使用される場面は、多岐にわたっています。大きくは、下欄の5点に分類されます。

問題解決のプロセスとは、抽出した問題点（テーマ）を解決するまでのフローを表した考え方です。

■組織モデルで現状を把握

問題点を抽出するためには、現状を把握しなければなりません。そのためのフレームワークとして「組織モデル」があります。このモデルを覚えておくと、自己及び自己を取り巻く職場

■問題解決の使用場面

	使用場面	具体例
問題解決の使用場面	仕事そのもの	ミスが多い、など
	能力	仕事に必要な能力が不十分、など
	自己の内面	仕事への自信がなくなった、など
	対人関係	上司との信頼関係を築くことができない、など
	職場環境	部門間の連絡が悪い、など

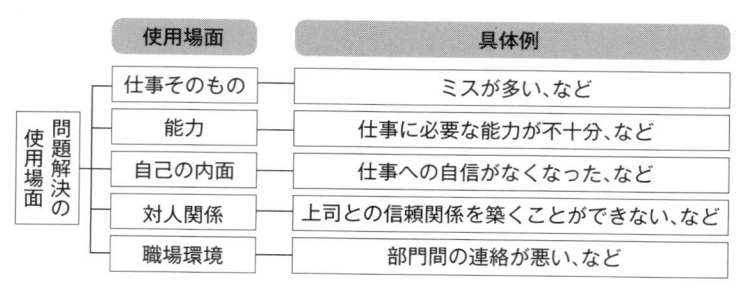

■組織モデルで現状を把握する

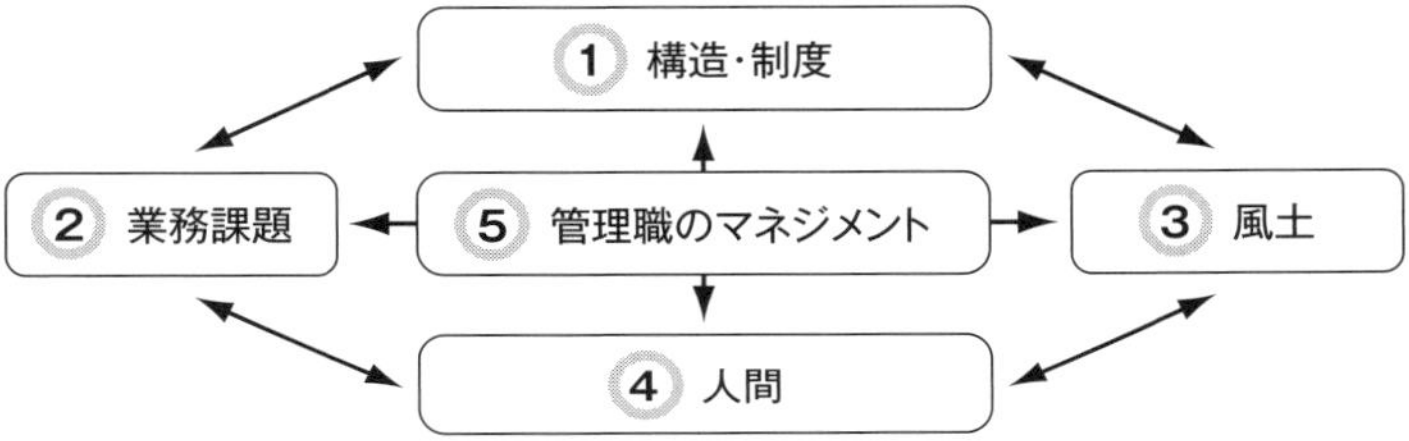

① 構造・制度 — 組織の構造や人事制度の問題

●社員は公正な評価がされているか
●仕事の役割分担は明確か
●的確な人事異動・適正配置がされているか

② 業務課題 — 定期的な業務、戦略を踏まえた業務

●定期な仕事の進め方は確立しているか
●仕事の進め方の改善に取り組んでいるか
●成長のための新たな業務は明示されているか

③ 風土 — 社員間に共有される固有の雰囲気や価値観

●必要なことや言いたいことが言える雰囲気があるか
●新しい技術や仕事の進め方を積極的に取り組んでいるか
●社員同士競争意識を持って切磋琢磨し合っているか

④ 人間 — 個々の社員の能力や組織単位の人数

●業務を遂行するために必要な人員はそろっているか
●業務を遂行するために、知識や技能は備わっているか
●有能な人材が確実に育っているか

⑤ 管理職のマネジメント — 上記1～4を運営する際の問題

●部下に対して、仕事の目的や目標を説明しているか
●計画的に部下指導を行っているか
●リーダシップを発揮し社員を統率しているか

職場で起こる問題点のほとんどは、
この組織モデルの範疇に該当する

環境に存在する問題点を把握しやすくなります。
組織モデルは、43ページの5点より構成されています。

■優先順位を付けて効率良く問題を解決

組織モデルなどを参考にしながら**問題点を洗い出し**、さらに**優先順位**を付けます。その理由は、すべての問題点を一度に解決することは無理だからです。

また、優先順位の高い問題点を解決することにより、他の問題点への波及効果が期待できるということもあります。

ここで注意していただきたいことがあります。重要性が高いと緊急性も高くなるのではないかと考える方がいらっしゃいますが、必ずしもそうとは限りません。例えば、重要視していない突発的に発生したクレームを考えてみていただければおわかりでしょう。

優先順位の付け方

評価尺度を設けて優先順位を付けるのが一般的な方法です。

■重要性・緊急性・実行可能性で優先順位を付ける

問題点	順位	重要性	緊急性	実行可能性	総合点
①営業部と製造部の情報の流れが悪く不良在庫が5％上がっている。	5	8	5	6	19
②人事制度の改定後、40代～50代の社員がマネジャーに対して非協力的になっている。	8	4	4	5	13
③残業が多く人件費が7%アップしている。	1	9	10	8	27
④仕事の専門化の進展により、担当者が不在だと業務進行上に支障を来すことがある。	4	7	8	7	22
⑤工場での事故件数が前年対比3.5%上がっている。	3	8	10	7	25
⑥クレーム処理対策が確立されておらず、時々大きな問題を引き起こしている。	7	7	5	3	15
⑦製品別売り上げ構成比率が、特定の製品分野に95%と偏っている。	2	10	7	9	26

※評価尺度である重要性、緊急性、実行可能性は、ここでは10点満点で評価。

評価尺度の意味

重要性 ——— 収益やスキルなど、企業や個人にとって大きな影響を与える度合い

緊急性 ——— 早急に解決しなければ、大きなマイナスの影響を与える度合い

実行可能性 — 個人の権限や立場、業務範囲で主体的に取り組める度合い

優先順位を付ける方法をマスターしておくと
問題解決以外のテーマでも活用できる

よく使用される評価尺度は、「重要性」「緊急性」「実行可能性」の3点です。

■ 期間とレベルで目標を設定

どの問題から解決するかが決定したら、目標を設定します。目標とは、**いつまでに（期間）**、**どの程度（レベル）**、問題点が改善されているか、です。必ず、**期間と改善レベルを明確にする必要**があります。

私共の研修で実際に目標を設定してもらうと、解決策を出してしまう方が、結構います。

目標とは、あくまでも改善の度合いを表したものです。最初は目標設定にとまどうこともありますが、問題解決に限らず、計画の策定、キャリア開発など、広く使われる概念ですから、しっかり身に付けてください。

目標は、死活目標、変革目標、理想目標の3種類に分類されます。**変革目標のレベルに設定するのが一般的**です。

■レベル別に３種の目標を理解しよう

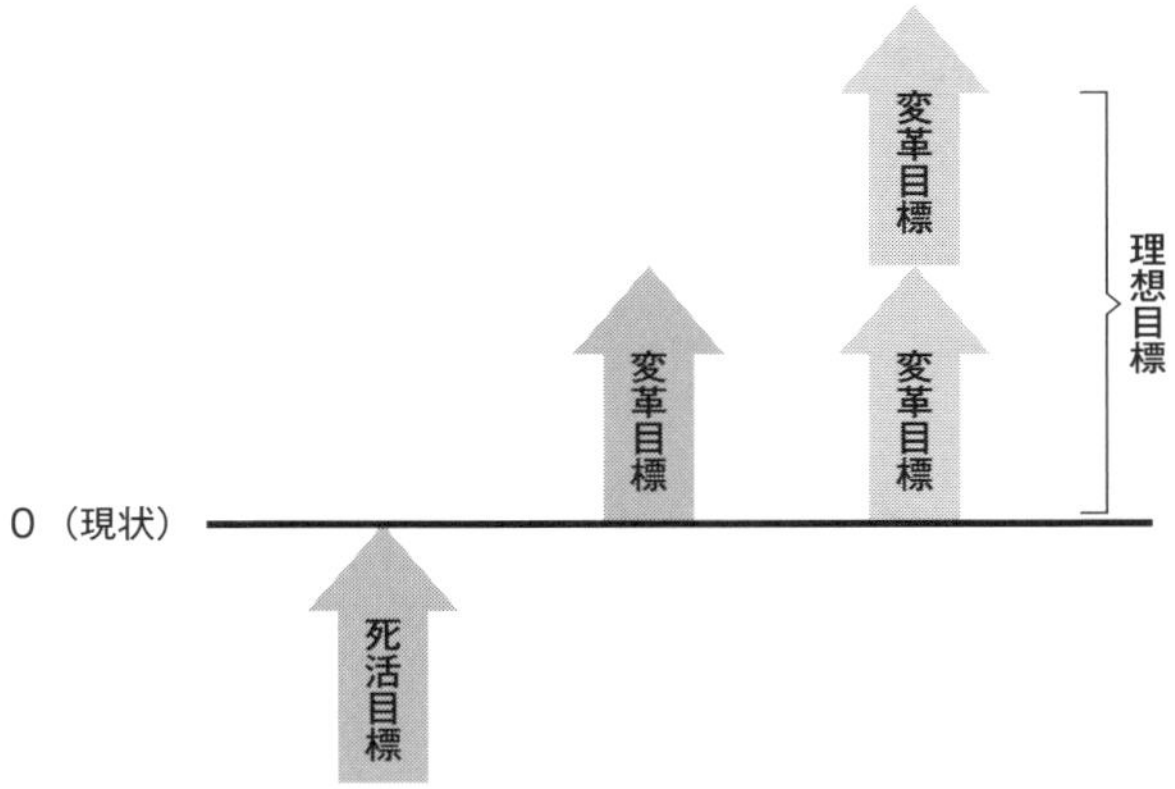

目標の種類

- **死活目標** — 絶対に達成しなければならないレベルの目標。
  達成しなければ、組織ならば存続が危ぶまれる、個人ならば業務に支障を来たすようなレベル。
- **変革目標** — 工夫と努力で達成できるレベルの目標。
  期間でいえば、１年以内の短期目標。
- **理想目標** — 変革目標の積み重ねで達成できるレベルの目標。
  長期目標、長期ビジョン等。

目標設定例

- **半年以内**（期間）に、後輩社員が**所定時間内に業務がこなせる**（レベル）ようになっている。
- **今年度中**（期間）に、仕事の質を下げることなく**労働時間を20%削減**（レベル）する。
- **１年以内**（期間）に、担当者が不在でも**業務に支障がないような体制**（レベル）を確立する。

※数値化できる目標は、なるべく数値で表記する。
　数値化が難しい目標は、なるべく具体的に表現する。

一般的には変革目標に照準を合わせる。
必ず、期間と達成レベルを確認すること

3構図を使って原因を分析する

どういうケースかをよく見て構図を使い分ける

ここでいう原因とは、問題点と目標との間に発生するギャップです。このギャップを分析する方法として、ツリー構図、マトリックス構図、プロセス構図のいずれかを使用します。

■原因を深く追究するツリー構図

ツリー構図は原因を深く追究するときに使用します。フレームワークにより切り口を決め、MECEで原因となる**大項目を大体3点前後設定**し、中項目、小項目へと深掘りしていき原因を分析します。必ず、中項目は大項目の原因になっているか、

■原因分析事例1：ツリー構図で残業が増えた原因を探る分析事例

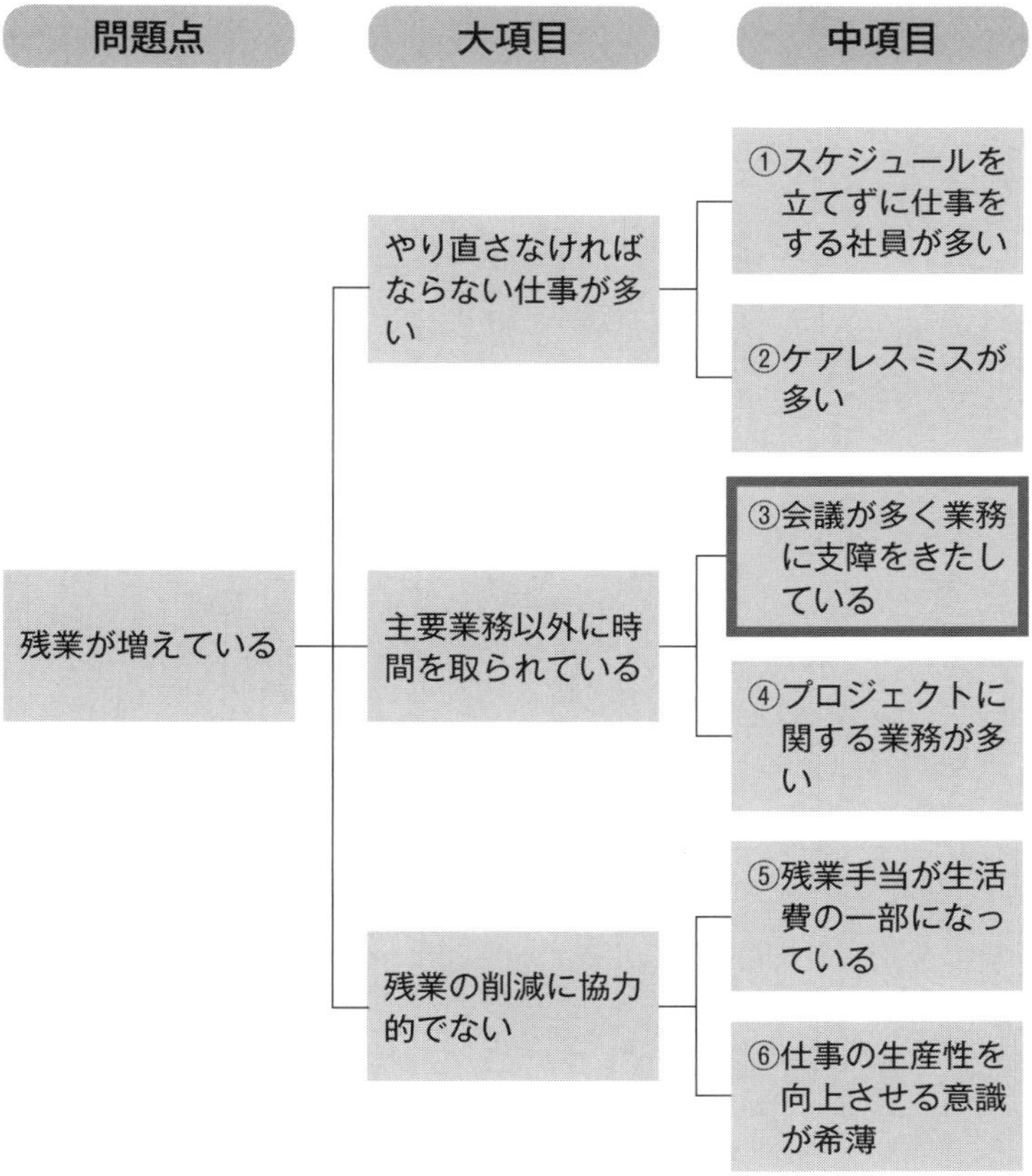

真の原因である（真因）が見つかるまで深堀りする

小項目は中項目の原因になっているかを確認してください。

■比較し原因分析するマトリックス構図

マトリックス構図を使用する際は、**同一の条件**下で問題が発生している場合と、問題が発生していない場合の、両者を比較して原因を分析します。

具体的には、まず**問題を起こす要因になっている比較検討項目を列挙**します。次に、両者を比較し違いを見つけ、その違いから原因を抽出します。

(左ページ図の事例)

チェーン店のA店とB店で、同じ仕様で提供している「シーフードピザ」について、お客様からの評判にバラツキがありました。A店では美味しいというお客様がほとんどですが、B店では美味しくないというお客様が30%近くいます。

こういったケースではマトリックス構図を使用し原因を分析します。

■原因分析事例2:マトリックス構図でB店の問題点を探る

確認事項	A店	B店
①食材の品質		
・パイの生地	◎	◎
・魚介類の品質と味	○	○
・トッピングの品質	◎	◎
②厨房機器		
・ガスオーブン	◎	◎
・冷蔵庫	◎	○
③調理時間	8分◎	10分△
④シェフ		
・調理技術	◎	○
・パートへの指導	◎	× 違い
⑤パートの調理技術		
・ピザの焼き具合	◎	× 違い

評価　:　◎非常に良い　○良い　△普通　×悪い

分析手順

1. 問題の原因になり得る比較検討項目(事例の場合は表左側の「確認事項」)を列挙する
2. 両者を比較し違いを見つける
3. 2の「違い」から問題の原因を抽出する

分析結果

- B店では、パート社員の経験が浅く、シーフードピザの焼き具合にバラツキがあることが判明
- B店のシェフは、パート社員への調理指導が徹底していなかったことも判明

同一条件下で問題のあるものとないものがある場合、両者を比較して問題が起きている原因を分析する

■時間を追いながら分析するプロセス構図

プロセス構図は、時間を追いながら原因を分析する際に使用します。時間と共に他の違った現象が起こっていないかを探り、原因を分析します。

次ページの事例は、営業担当者の契約率が低下している原因を分析しています。営業手順毎にデータを分析し、明らかに他の営業手順より数字が低い箇所を突き止めます。

例えば、営業手順1では、1000人へ訪問の約束を取り付ける電話をしました。その結果、200人のお客様へ訪問の約束を取り付けることができました。確率は20%となります。

営業手順2では、訪問の約束を取り付けた200人のお客様へ①自社の商品・サービスを説明し、②お客様のニーズを把握します。その結果、100人のお客様へ提案の機会を取り付けることができました。確率は50%となります。

■原因分析事例3:プロセス構図で契約率低下の原因を探る

営業手順1	確率	→営業手順2	確率	→営業手順3	確率
電話アポ お客様へ訪問の約束を取り付ける	1000人中 200人 20%	**初訪** ①お客様へ商品サービスの説明 ②ニーズの把握	200人中 100人 50%	**提案** お客様のニーズに合った商品、サービスの提案	100人中 5人 5% 極端に低い

→営業手順4	確率	→営業手順5	確率
契約 お客様へ契約を勧める	5人中 4人 80%	**契約書作成** お客様と契約書を取り交わす	—

分析結果

- 営業手順3の数字が5%と他と比べて極端に低い。つまり、お客様のニーズに合った商品、サービスの提案が十分にできていない。これが、契約率を低下させた根本原因として考えられる。

まとめ:原因分析にどの構図を使用するか

問題が生じた際に、どの構図を使って原因を分析するかは、各構図の特性を踏まえて決定します。

ツリー構図は、原因項目を3点前後に絞り(大項目)、それを中項目、小項目と深掘りして原因を分析します。具体的な原因項目を分析する場合に使用します。

マトリックス構図は、同じ条件下で問題点が発生している場合と、発生していない場合が生じている時、両者を比較して原因を分析します。

プロセス構図は、時間の経過と共に外部環境が変わる場合(作業内容が変わる等)、時間を追いながら原因を分析します。

経験を積めば、
どの構図で的確に分析できるかがわかってくる

3構図を使って解決策を案出する

ケースによって構図を使い分け、解決策を導く

既成概念や従来の方法に捉われていては、ありきたりの効果性の低い解決策しか出てきません。従来にない効果性の高い解決策を案出するためには、もう一歩踏み込み、創造的思考を持つことが必要です。

■解決策を深堀するツリー構図

ツリー構図は、**解決策を深掘り**していく際に使用します。フレームワークにより切り口を決め、MECEで3点前後の大項目を設定し、中項目、小項目へと深掘りしていき解決策を

■解決策事例:ツリー構図で多すぎる会議の問題を解決する

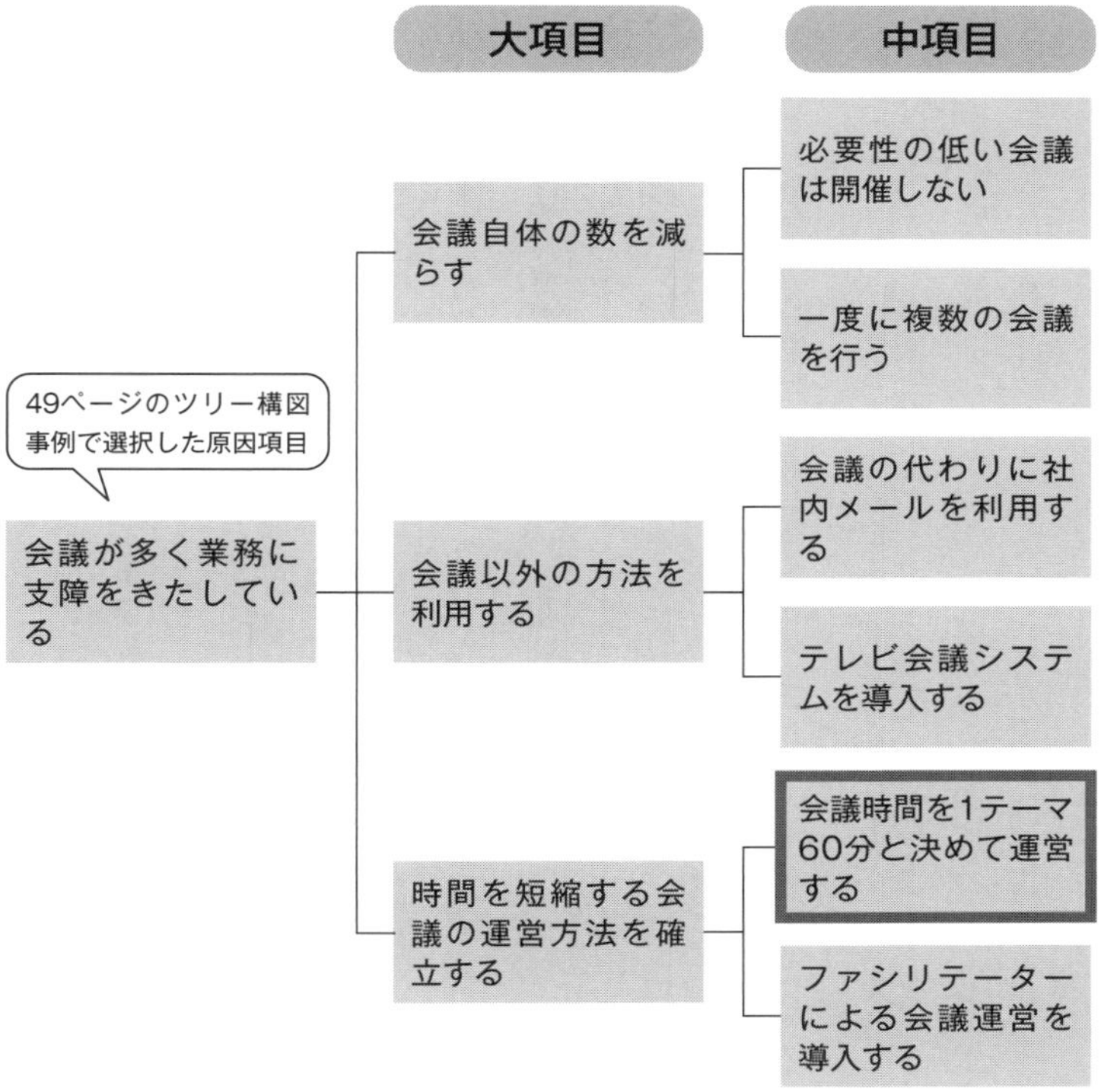
大項目
中項目
49ページのツリー構図事例で選択した原因項目
会議が多く業務に支障をきたしている
会議自体の数を減らす
必要性の低い会議は開催しない
一度に複数の会議を行う
会議以外の方法を利用する
会議の代わりに社内メールを利用する
テレビ会議システムを導入する
時間を短縮する会議の運営方法を確立する
会議時間を1テーマ60分と決めて運営する
ファシリテーターによる会議運営を導入する

解決策を見つける手順

1. 問題点の解決策をフレームワークに基づいて切り口を決め、MECEで３項目前後設定する（大項目）
2. 大項目の解決策を設定する（中項目）。個々の解決策は独立したテーマにすること
3. 項目を枝分かれさせる作業を続け、考えられるだけ深掘りする。解決策には順位を付け「これこそがもっとも原因を解決する策である」という項目を特定する

原因分析で真因を見つけ出してから
解決策の案を出すのがポイント

案出します。

■ **情報を組み合わせて解決策を出すマトリックス構図**

マトリックス構図は、情報と情報を組み合わせて解決策を案出する場合に使います。

下欄は、営業部と製造部が新入社員、中堅社員、管理職といった階層別に人材育成のテーマ（解決策）を案出した事例です。

■ **時間軸により解決策を出すプロセス構図**

プロセス構図は、**時間軸を基準**に解決策を案出していく場合に使います。時間の経過と共に環境や条件が変わっていく場合など、打つ手が変わるケースです。

左ページは、プロダクトライフサイクルを使用したプロセス構図の事例です。

■解決策事例:マトリックス構図で人材育成の問題を解決する

部門別、階層別の人材育成テーマの検討

	営業部	製造部
新入社員	ビジネスマナーの習得	機械の操作方法の習得
中堅社員	企画提案力の向上	パート社員への指導力向上
管理職	コーチングスキルの習得	生産管理能力の向

■原因分析事例4:プロセス構図で契約率低下の原因を探る

プロダクトライフサイクルによる期別の解決策案

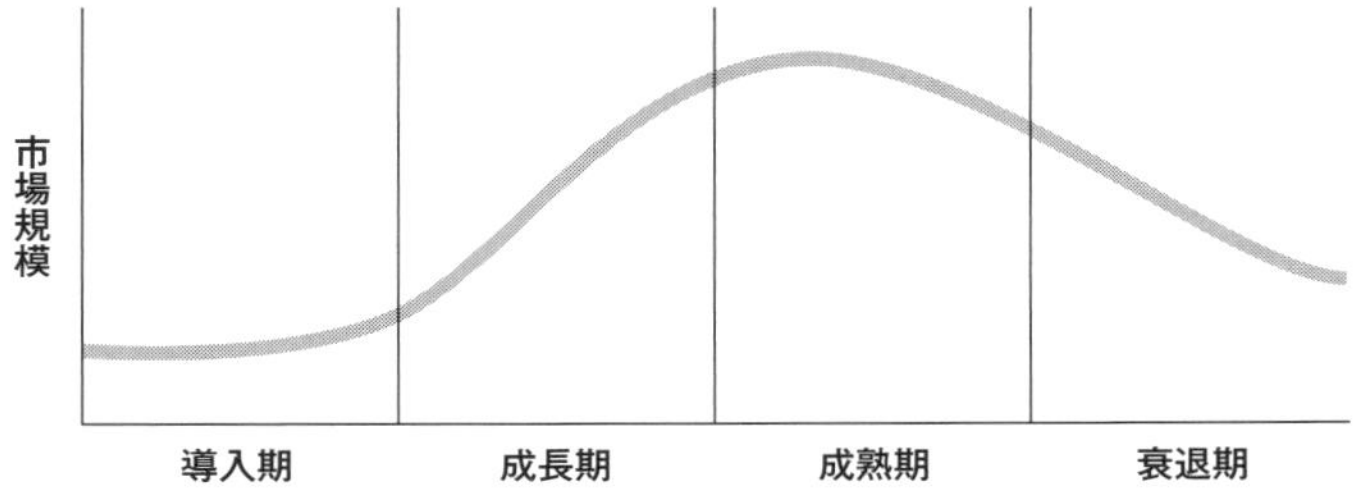

	導入期	成長期	成熟期	衰退期
市場動向	新商品が導入された時期で、市場規模は小さい。	需要が急激に拡大し、市場規模も大きく成長する。	市場規模は横ばいとなり、徐々に縮小の傾向を呈する。	市場規模は急激に縮小し、撤退する企業が増えてくる。
解決策	商品認知率を上げるため、積極的なプロモーション活動を行う。	シェア向上のための積極的なプロモーション活動を行う。	積極的なプロモーションは控え、現状の収益を確保する活動を行う。	撤退時期を検討する。

※市場へ導入した商品をプロダクトライフサイクルの期別ごとに売り上げを上げるための解決策を案出した事例

まとめ:解決策の特定にどの構図を使用するか

- ツリー構図は、解決策を3点前後に絞り(大項目)、それを中項目、小項目と深掘りして解決策を案出していく。具体的な解決策を案出する場合に使用する。
- マトリックス構図は、縦軸と横軸で複合的解決策を案出する場合に使用する。
- プロセス構図は、時間の経過毎にそれぞれ解決策を案出する場合に使用する。

経験を積めば、どの構図で的確に解決策を案出できるかがわかってくる

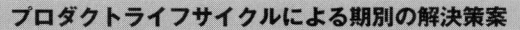

実行計画は作業の洗い出しがポイント

作業を洗い出したら「誰」「いつ」までを決める

■解決のための実行計画を策定

３構図のいずれかの構図を使い解決策が案出されたら、優先順位を付けて、「この解決策が実行されれば目標が達成できる」という解決策を選択します。

選択された解決策について、実行レベルまで落とし込んだ計画を立てていきます。このプロセスが不十分のままだと、せっかく立てた解決策の実行される確率が低くなってしまいます。

実行計画のポイントは、**誰が、いつまでに、どんな作業を行うか**を明確にすることです。

■WBSで作業を洗い出す

WBSとは、Work Breakdown Structureの略で、**仕事を細かい作業に分解した構成図**です。実はこの構成図が、ツリー構図と同じものなのです。

ですから、図の作り方はツリー構図と同じです。選択した解決策をテーマとして3点前後の大項目を立て、中項目→小項目と解決策を実行する上での作業を分解していきます。

下欄のツリー構図は、選択した解決策である「会議時間を1テーマ60分と決めて運営する」を実行するために必要な作業を洗い出した事例です。

■洗い出した作業の実行者と期間を明確にする

洗い出した作業は、誰が行うか（実行者）といつまでに行うか（期間）を明らかにしてはじめて、実行されるのです。

この点をあやふやにしてしまうと、せっかく問題点の抽出か

■作業の洗い出し事例 WBS＝ツリー構図で会議時間を60分に収める作業を洗い出す

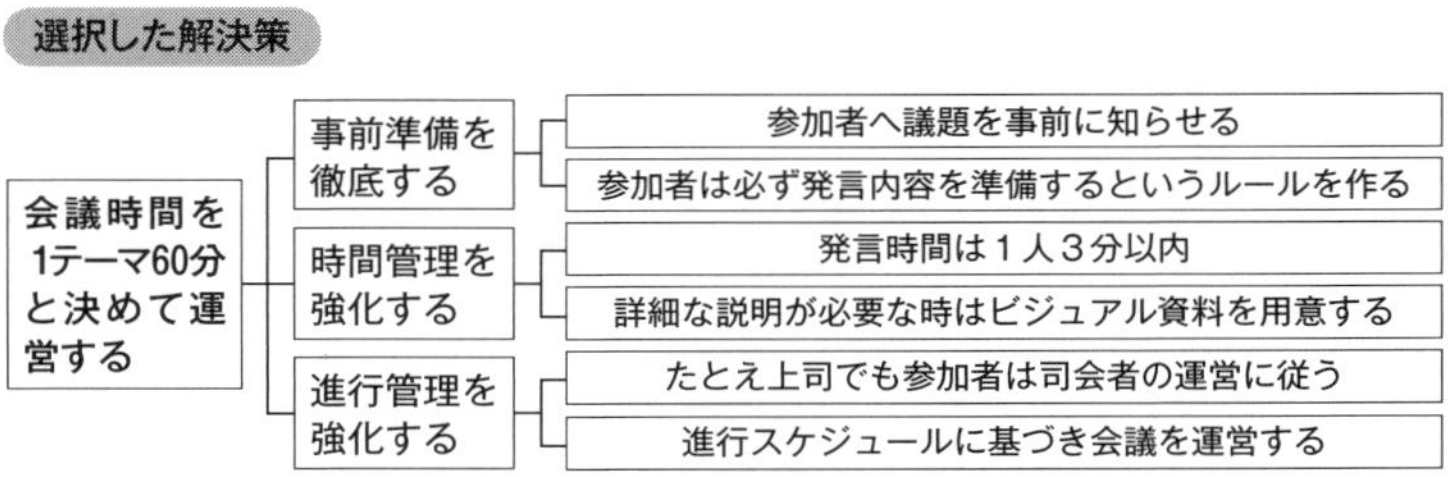

ら解決策まで時間をかけて設定しても、実行される確率は低くなってしまいます。

■ガントチャートで整理する

ガントチャートとは、プロジェクト管理や生産管理などで工程管理などにも用いられる表です。これは、時間軸で整理するマトリックス構図と、情報を組み合わせて整理するプロセス構図との複合構図といえます。

構図の例は下欄をご覧ください。

■フローを1枚にまとめた問題解決シート

問題点の抽出から実行計画までのフローを1枚のシートに表したのが問題解決シートです。このようなシートを作成し、進捗管理を行ってはじめて、問題は解決されるのです。ポイントは、原因分析から解決策へのフローです。**どれだけ的確な原因項目を選択し解決策を導く**かがカギになります。

■ガントチャートで「いつ」「誰」を明らかにする

作業	設備・コスト	担当者	○月	○月	○月	○月	○月
～	～	Aさん	●				
～	～	Bさん					
～	～	Cさん					●
～	～	Dさん		●			

ガントチャートは、洗い出した作業をいつまでに、誰が行うかを明らかにできる

■問題解決シートで全体を整理する

問題解決シートの事例

1. 問題点　残業が多く人件費が増大している

2. 目　標　1年以内に、社員1人当たりの残業を30時間以内とする

3. 原因及び解決策

① スケジュールを立てずに仕事をする社員が多い
- スケジュールの必要性を啓蒙する
- スケジュールに基づき、仕事を進める癖作りを徹底させる
- 全社的なスケジュール表のフォーマットを決め徹底させる

② 会議が多く業務に支障をきたしている
- 個々の会議の必要性を見直す
- 会議の代わりに社内メールを利用する
- 効率的な会議の運営方法を確立する

4. 実行計画

解決策	作業	スケジュール
スケジュールに基づき、仕事を進める癖作りを徹底させる	社員は前日までに必ず業務スケジュールを作成すること	○/○～○/○
	上司は部下の業務進捗状況をスケジュール表で確認すること	○/○～○/○
	残業のある社員は当日朝礼で報告し、手伝える社員の有無を確認すること	○/○～○/○
効率的な会議の運営方法を確立する	参加者へ会議のテーマを事前に知らせること	○/○～○/○
	発言時間は1人3分以内を厳守すること	○/○～○/○
	参加者は、たとえ上司でも司会者の運営に従うこと	○/○～○/○

41ページの問題解決のプロセスを一枚のシートで整理すると、問題解決シートが作成できる

TRAINING

❷ ツリー構図を作成してみよう

もっとも使用することの多いツリー構図を作る練習をしてみましょう。

【 問 題 】

あなたは、どのような能力を伸ばしたいですか？
伸ばしたい能力を大項目に、伸ばす方法を中・小項目に
記入してください。

の場合

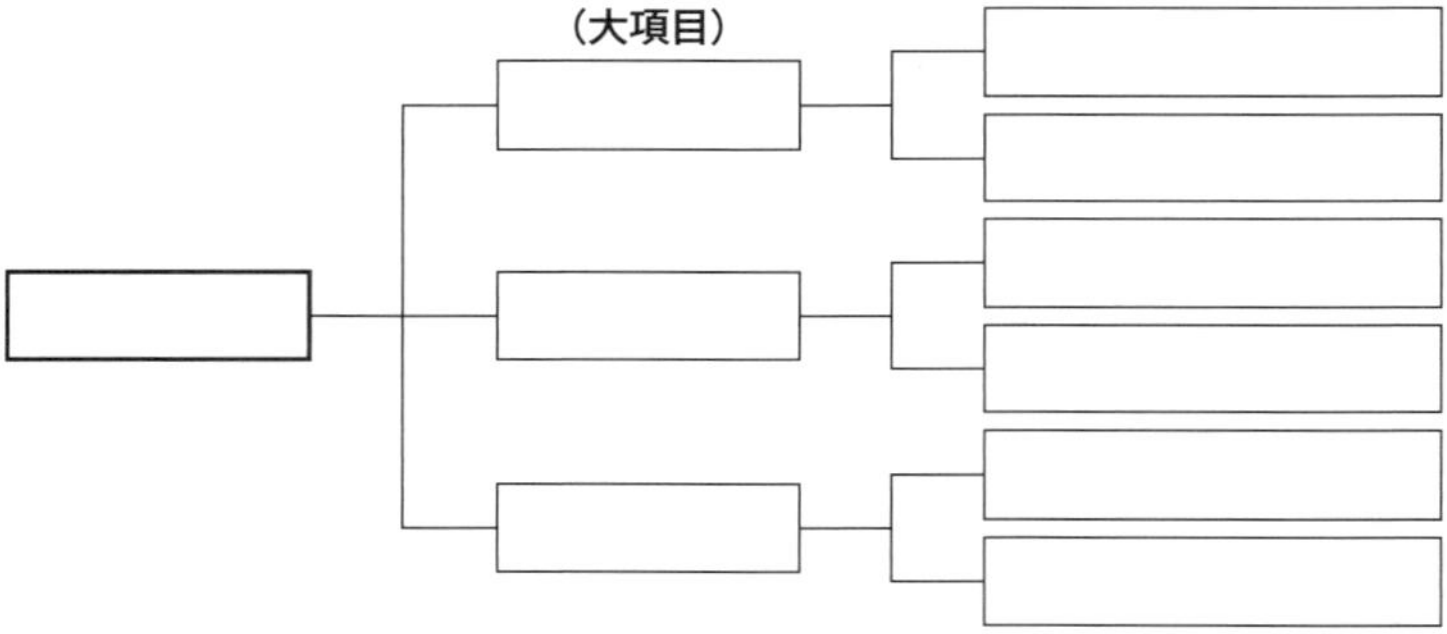

【 模範解答 】

入社2年目営業担当者の場合

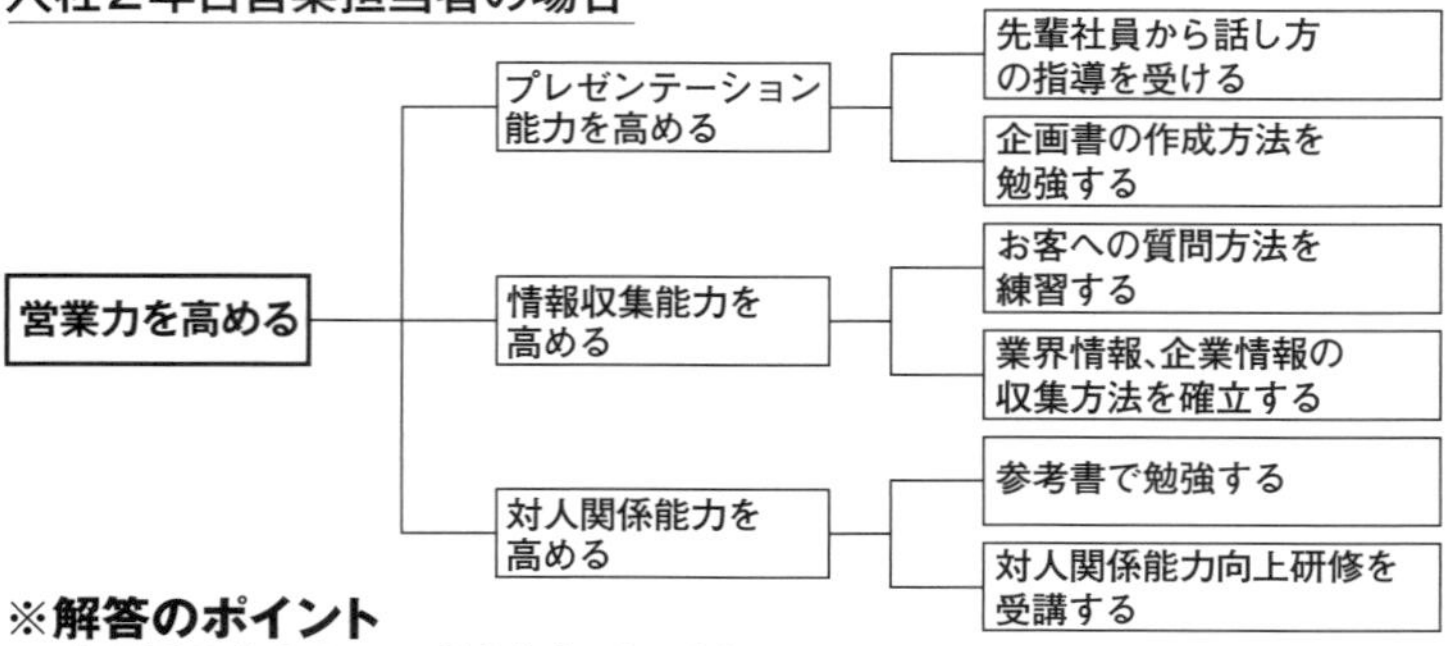

※解答のポイント

・大項目３点のルールが守られているか
・大項目は能力として的確に表現されているか
・中項目は具体的に伸ばす方法として的確に表現されているか

第3章

論理的思考を応用する

あらゆるシーンで使いこなせば、
仕事のスピードも正確さも上がる

アイデア出し＝戦略作りの道具としての使い方

どうアイデアを出すかによって3構図を使い分ける

仕事でもプライベートでも考えに詰まったとき、3構図を思い出すと解決の糸口を見つけられるかもしれません。

ここでは、事例を交えて3構図からアイデアを出す方法を紹介します。

■ツリー構図で対極的に物事を考える

ツリー構図は、検討すべきテーマについて切り口を設定し、深掘りをしていく場合に使用します。この際、どういう切り口で物事を捉えるかにより大項目、中項目の情報は変わってきます。

■「減らない炭」解答例

秀吉が考えた答え

- 炭の使用が減らない理由 → 何もしないで城にいる時は暖をとっていたいから
- 炭を減らす工夫という切り口 → 何もしない時間を減らせば良いという切り口

何もしない時間を減らす	午前中は、刀、槍、弓、鉄砲の手入れを行う
	午後は、武術の稽古を行う

切り口の設定方法のひとつとして、対極的に物事を捉える方法があります。これを**対極概念型**（下欄参照）といいます。

（事例：ツリー構図「減らない炭」問題）

豊臣秀吉が、木下藤吉郎として織田信長に仕えていた時代の話。彼は信長よりまかない方を命じられ、信長から「炭を倹約せよ」と指示されていました。

時は戦国時代、戦に明け暮れる毎日。戦費はいくらあっても足りない中、今で言う光熱費の節約を命ぜられたのでした。

籐吉郎は信長に命じられるまま、城中での炭の節約を通達して回りました。

ところが城中では、「この寒いときに炭がなくてはすごせない。何を言っているか、もっと炭を使わせろ」と猛反発。戦のないときぐらいは、お茶を飲みながら火鉢を囲み四方山話などをしながらくつろぎたい。そんな気持ちもわかる、籐吉郎でした。

みなさんは、この問題をどう解決しますか？　ヒントは、対極概念型であるイソップ寓話の「北風と太陽」です。

■対極概念型の例

対極概念型例

1. 自社 ⇔ 他社　自分 ⇔ 他人　日本人 ⇔ 外国人
2. ハード ⇔ ソフト　制度 ⇔ 運用
3. 集中 ⇔ 分散　収束 ⇔ 発散

■マトリックス構図でアイデアを出す

情報と情報を組み合わせ、新たな情報を創造するというマトリックス構図の考え方から生まれたものに、オズボーンのチェックリスト法があります。

これは、アイデアを出す視点をあらかじめたくさんあげてリストにしておき、一つひとつ確認しながら見すごしていたアイデアを導いたり、新たなアイデアの視点を見つけ出したりしていく方法です。

チェックリスト項目

・他に使い道はないか　・他からアイデアが借りられないか
・拡大したらどうか　・縮小したらどうか
・代用したらどうか　・入れ替えたらどうか、など

(事例：マトリックス「自動車教習所」問題)

若年層の人口減少と車離れの影響で、自動車教習所T社の普通自動車免許事業と自動二輪免許事業は縮小傾向にありました。

■オズボーンのチェックリストでアイデアを出してみよう

テレビの開発

属性 / チェック項目	液晶パネル	スピーカー
拡大	プロジェクター機能を搭載させ、スクリーンでテレビを観る	大型スピーカー
変更	3D映像	サラウンドスピーカー
転用	パソコンのディスプレイ	カラオケのスピーカー

そこで、業績を上げるための事業（解決策）を、商品・市場マトリックスでという考え方で、新規事業を検討することとなりました。これは現有する商品・サービスと市場・顧客を軸に、さらに新規の商品・サービスと市場・顧客へ提供する事業を検討する際使用するマトリックス構図です。

検討方法は、次の順番で事業内容を考えていきます。これはリスクの少ない順番です。

（1）現有する商品・サービスを現有する市場・顧客へ記入します。

（2）現有する商品・サービスを、新規の市場・顧客へ提供できないか。

（3）現有する市場・顧客へ、新規の商品・サービスを提供できないか。

（4）新規の商品・サービスを、新規の市場・顧客へ提供できないか。

みなさんなら、どのような商品・サービス（事業）を考えますか？

■マトリックス構図で自動車教習所のアイデアを考えてみよう

		商品・サービス／自動車免許取得指導・施設のリソース	
		現有	新規
市場・顧客／自動車免許市場・免未保有者	現有	（1）普通自動車免許 自動二輪免許	（3）
	新規	（2）	（4）

模範解答

（2）の記入例：教習員の養成事業(実技指導員の養成)、研修施設貸し出しサービス
（3）の記入例：保険代理店(免許取得者へ自動車保険の推奨)、コンビニエンスストア
（4）の記入例：宅配事業(大手宅配業者と契約し教習所の駐車スペースを活用)

■プロセス構図でアイデアを出す

時間を追いながら原因や解決策を考えていく場合に使うのが、プロセス構図です。

例えば、加工食品に髪の毛や虫、針などの異物が混入した場合、食品メーカーは原料の調達→製造→梱包→配送→店頭と、製造工程から店頭に商品が並ぶまでのプロセスを追いながら、どこで異物が混入したかを調べます。

(事例:プロセス構図「遅れる時計」問題)

彼女はOLです。会社は渋谷駅近くにあり、東急線で鷺沼駅の自宅から通っています。非常に混雑する電車です。

彼女は新しい腕時計を買いました。時間の精度に優れたアナログ時計です。ところが、会社に着いて時間を確かめると、数分遅れているときがあります。故障はしていません。遅れるときは、決まって会社がある平日です。

さて、遅れる原因は何でしょうか?

■「遅れる時計」問題の解答例

条件の整理

● 時計が遅れるのは、決まって会社がある日。
● 自宅を出てから会社に着いた段階で、時間が遅れている。

情報の整理

① 時計の時間を遅らせる要因は、自宅から会社に着くまでの間にある。
② それでは、時計を遅らせる要因はどの段階で発生するか。
③ 時計が**外部から接触される満員電車の中**に、遅れる要因があるのではないか。

答え

満員電車の中で腕時計が押され、その圧力により時計の裏面が微妙にへこみ(金属のため)、秒針を遅らせていた。

※これは実話です。

「問題」が起きる原因は過去にある。
プロセス構図で過去を振り返る

論理展開法として重要な演繹法と帰納法

仕事上での使用頻度は高いので身に付けたい

■日常的に使われている論理的な推論法

演繹法と帰納法（↓下欄参照）は、仕事で企画を立案するとき、提案するときなど、使用頻度は意外と高いものです。「演繹法と帰納法とは何のこと？」と聞かれてすらすらと答えられる方は少ないでしょう。

しかし、みなさんが日頃から見聞きするテレビや新聞の解説などは、結構、演繹法と帰納法が使われているのです。左ページの図を見ていただくと理解しやすいと思います。

ビジネスシーンでよく使いますので、身に付けてください。

■帰納法と演繹法の定義

帰納法とは、「**事象**から共通点を見つけ出し法則を導き出す方法」

演繹法とは、「**法則**と**事象**から結論を導き出す方法」

法則とは、一般的に認められている、または今後認められるであろう考え方。
事象とは、客観的な事実として認められること。

■演繹法と帰納法の関係

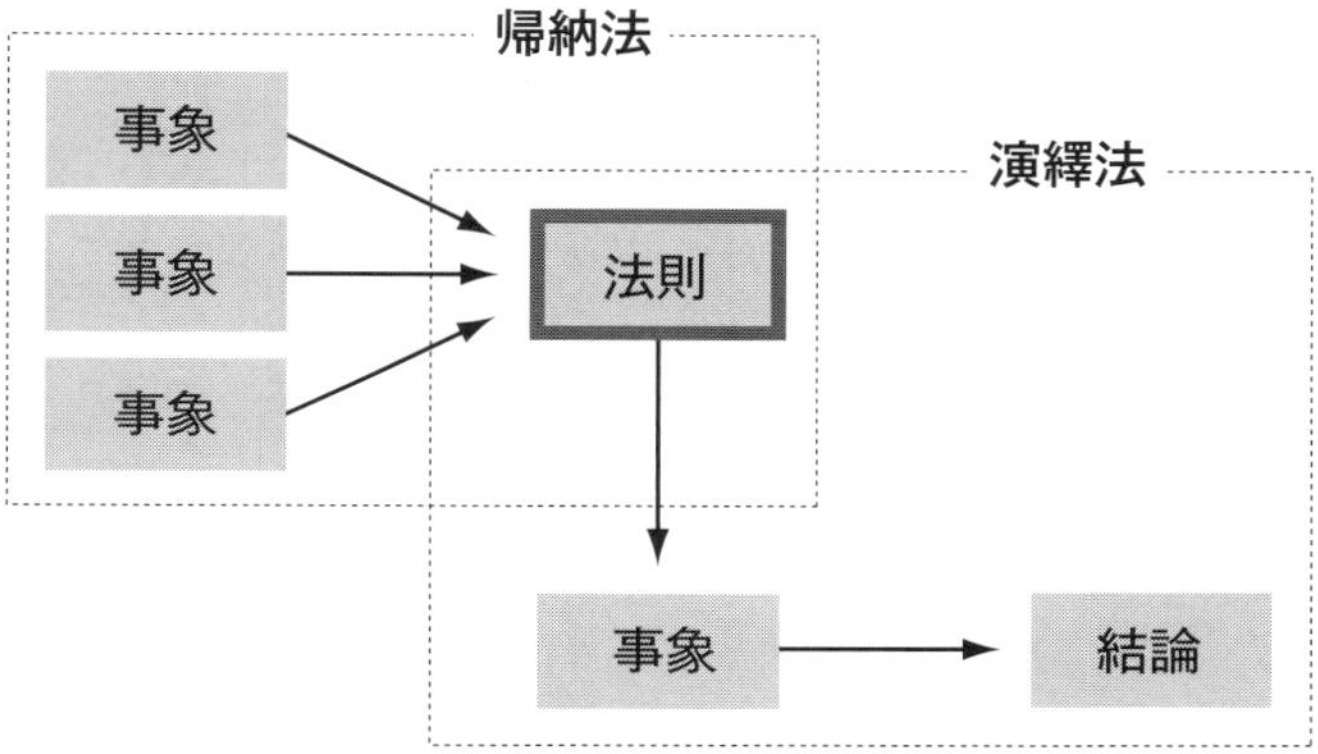

帰納法の事例

「スマートフォンによるゲームソフトは伸びている」 →事象
「スマートフォンによる電子書籍は伸びている」 →事象
「スマートフォンによる動画は伸びている」 →事象
よって、
「スマートフォンのアプリケーション市場はこれからも期待できる」
→法則

演繹法の事例

「ビールは、平均気温が22℃を超えると消費量が伸びる」
(日本気象協会発表) →法則
「気象庁の予報では来月から最高平均気温が22℃以上になりそうである」 →事象
「よって、ビールの仕入れを増やす」 →結論

帰納法は事象から共通点を見出し、法則を導き出す。演繹法は、この導き出された法則から、結論を導き出す

仮説は仕事の生産性をアップする

仮説力が付けば効率良く仕事が進められる

■目標達成にもっとも有効な手段を導き出すこと

ビジネス上での仮説とは、「仕事の目的や目標を達成するために、もっとも有効だと考えた結論」です。そして、その結論は、検証され、妥当であるかどうかが判断されます。

実は、この**仮説力の差が大きく仕事の実績に関係してくる**のです。

一般的に仕事を進める方法は、3通りあります（↓下欄）。下欄Cタイプの方法が仮説に基づく仕事の進め方なのです。そしてこれは、もっとも効率の良い仕事の進め方といえます。

■仕事の進め方の3タイプ

Aタイプ ― 与えられた仕事についてあまり考えず、従来の作業を踏襲するタイプ。

Bタイプ ― 直感で関係する作業を選んで行うタイプ。

Cタイプ ― 仕事の目的と目標から有効だと思われる作業を選んで実施、その結果を検証して作業の見直しを行うタイプ。

■仮説思考で売り上げを上げた事例

以前、高い実績を上げ続けるタクシードライバーをテレビで特集していました。タクシードライバーの売上平均は1人につき4万円といわれていますが、テレビで取り上げられた方は8万円を売り上げていたのです。この方の仕事のやり方は、

- **やみくもに流しをしない。**
- **駅のロータリーで客待ちをしない（交通機関が止まっているときは除く）。**
- **各種イベント情報を収集しタクシーの需要があるか調べる。**
- **歓楽街で客待ちのタクシーが多い場所へは入らず、その裏道でお客を待つ。**

その他、いろいろなノウハウがあるそうですが、企業秘密で放送はされませんでした。

ここで重要なことをこのドライバーの方は述べています。

「私も、はじめからこのような活動をしていたわけではありま

■仕事と仮説の関係

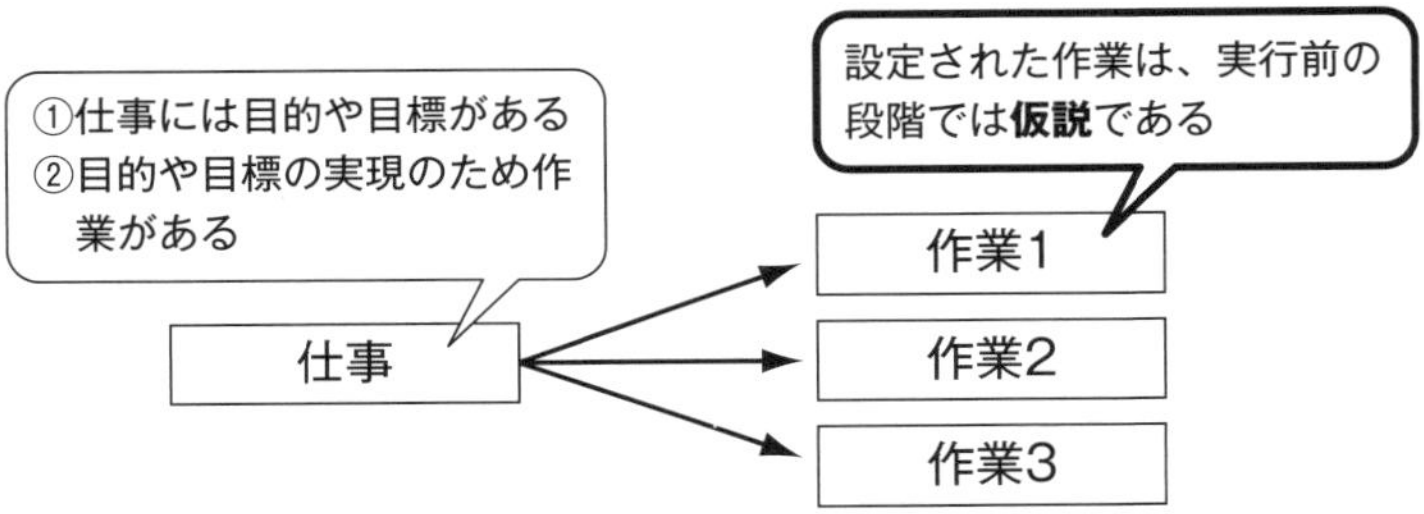

①仕事には目的や目標がある
②目的や目標の実現のため作業がある
設定された作業は、実行前の段階では**仮説**である
仕事
作業1
作業2
作業3

せん。どうしたら、時間当たりの売上高を伸ばせるか、考え、試してみた結果です」

　正に、仮説思考といえるコメントです。

■密接な関係の仮説と演繹法

　仮説は、結論を出してそれで終わりではありません。

　例えば、71ページの演繹法でのセッションで、ビールの事例として「ビールの仕入れを増やす」という結論を得ましたが、実際のビジネスでは、さらに続きがあります。

　まず、どの程度増やすかを考えなければなりません。経験則に従い20%増で良いか。近々、競合するコンビニ店がオープンするので10%増に抑えるべきか、といった仮説を立てる必要が出てくるのが一般的です。

　このように、演繹法で考えた結論を仮説として捉え、検証することにより、はじめて演繹法の論理展開が妥当であったかが判明します。

■仮説と演繹法の関係

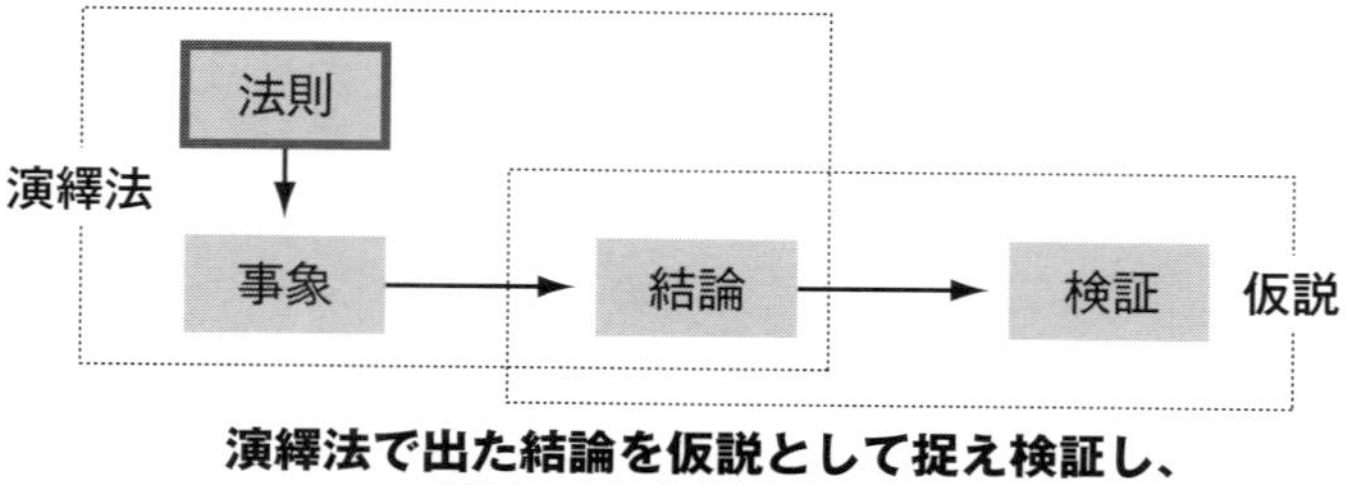

演繹法で出た結論を仮説として捉え検証し、結論の妥当性が判明する

■手順を覚えて「仮説思考による仕事の進め方」を使いこなす

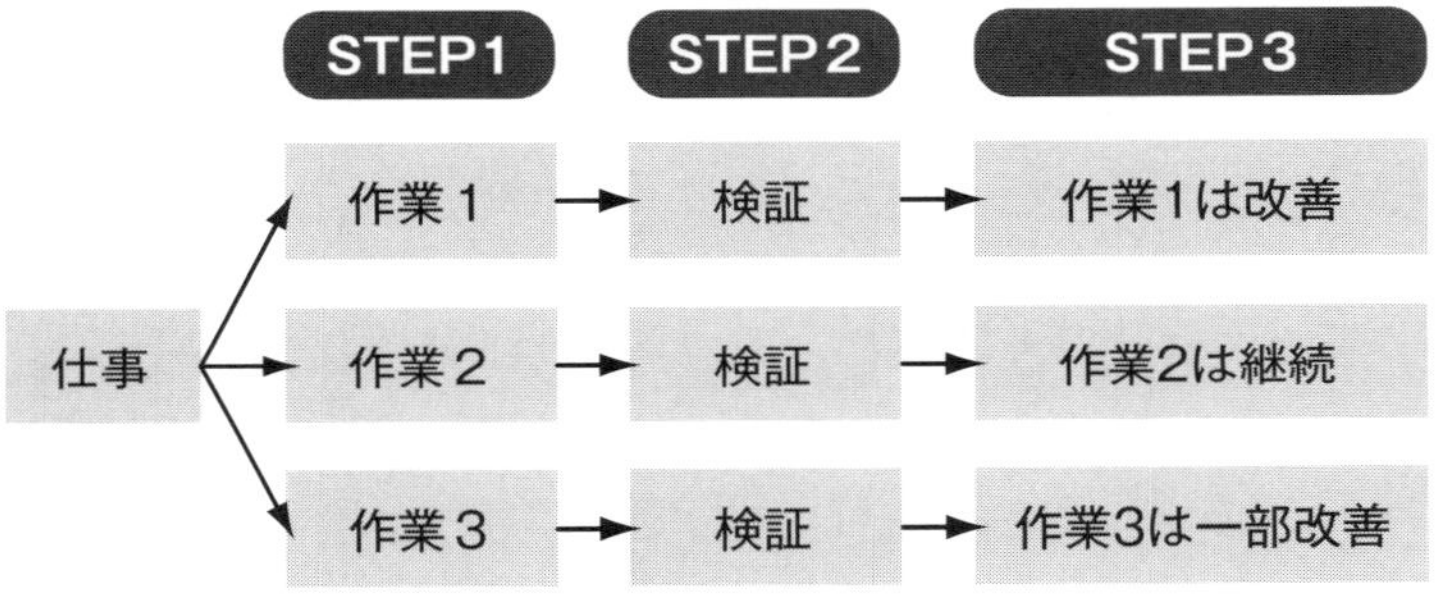

仮説思考による仕事の進め方

STEP1　作業の洗い出し

仕事の目的と目標から有効だと思われる作業の洗い出しを行う。
(第２章で紹介した問題解決のWBSと同じ方法)

STEP2　検証

洗い出した作業は、仕事の目的と目標を達成するうえでもっとも適した作業とは限らない。そこで、作業の実施後に検証を行う。つまり、仕事の質が上がったか、コストダウンになったか、ミスを減らせたか、などを検証する。

STEP3　作業の見直し

検証後、作業の見直しが行われる。

特に、ルーティンワークなどは
過去を踏襲する傾向なので、検証・見直しを行うべき

戦略的な思考で企画を立てる〈分析編〉

向こう2～3年の動向分析がポイント

■ロジカルシンキングの思考プロセスと共通する思考法

戦略的な思考とは、「外部環境や自社の経営資源を客観的に捉え、情報を収集・加工し、最善の策を導き出すこと」といえます。そして、戦略思考とロジカルシンキングの思考プロセスは互いに共通しています。

ロジカルシンキングの思考プロセスは、フレームワークで情報を発想（収集）し、構図で情報を整理して、発信します。戦略思考は自社を取り巻く外部環境と、自社及び同業他社の経営資源について、それぞれフレームワークを基に情報収集します。

■戦略思考　4つのステップ

STEP1 **環境分析** — 企業を取り巻く外部環境を分析する。外部環境はミクロ環境とマクロ環境に分類される。

STEP2 **経営資源分析** — 同業他社と比較して自社の強みと弱みは何かを探る。

STEP3 **機会と脅威の案出** — STEP１環境分析とSTEP２経営資源分析のデータを加工して、自社にとっての機会と脅威を案出する。

STEP4 **目標、方針、企画（戦略）の策定** — STEP３機会と脅威の案出のデータを使用して目標、方針、企画（戦略）を策定する。

■STEP1　環境分析

企業にとって環境要因は、無視できない重要な要素です。環境を無視して事業を展開すれば、その企業はいずれ崩壊するでしょう。そこで、戦略を立てる上で企業がまず検討しなければならないのが、環境分析です。

環境分析の手順

手順1．環境モデルを使用してマクロ環境、ミクロ環境のそれぞれで、自社や自部門に影響を与える環境項目を抽出する。

手順2．環境項目が自社や自部門にとってプラスに働くか、マイナスに働くか決定し、それぞれ分けて記入。

手順3．記入した環境項目の動向を分析する。動向とは、そのプラス要因が向こう2～3年増えるのか、横ばいか、減るのかを予測すること。同様に、マイナス要因がより増加するのか、横ばいか、減少するのかも予測する。

■環境はミクロとマクロを考えよう

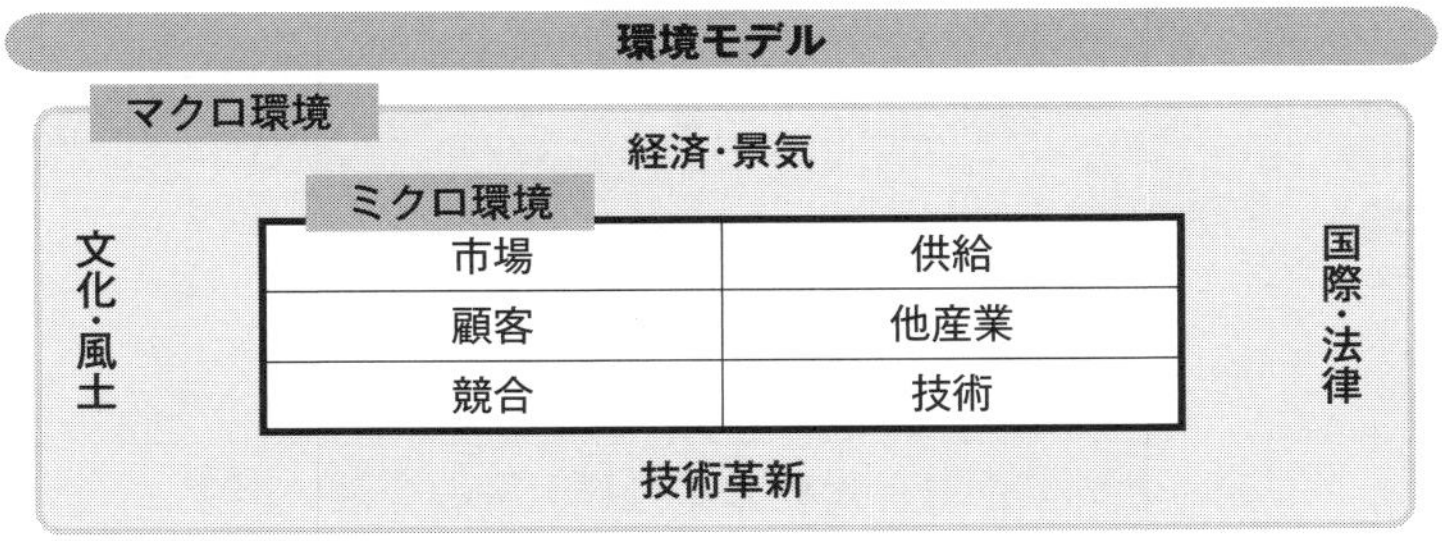

■STEP2　経営資源分析

戦略的な思考では、自社の経営資源を同業他社と比較して客観的に把握することが重要です。

競合企業が現在どんな商品・サービスをどう提供しているのか、様々な観点から情報を収集・分析し自社と比較します。

経営資源分析の手順

手順1．競合企業を特定する。原則として、自社の経営計画や方針に影響を与える企業を選ぶ。

手順2．対象商品・サービスや事業を特定する。

手順3．経営資源モデルを参考に、商品力・サービス力、営業力、組織力、財務力について強みと弱みの情報を整理する。

手順4．動向分析は2～3年後の増加、横ばい、低下傾向を予測する。

もっとも企業間格差が出るのが、経営資源分析です。普段から意識して、他社情報を収集する習慣がないと集まりません。

■手順3に使う経営資源モデル

	自社	同業他社
強み		
弱み		

自社と同業他社と比較して強みと弱みを洗い出す

■経営資源分析のやり方を事例から学ぶ

環境分析例

（事例:保険会社）

プラス要因	動向	マイナス要因	動向
1.転職する若者が多く、優秀な人材が確保しやすい	→	1.金利の低下により、運用益が低下している	↘
2.ライフスタイルの多様化から、様々な保険商品の潜在需要がある	↗	2.出生率の低下により、国内の保険市場は今後縮小していく	↗
3.規制緩和により、販売チャネルが拡大した	↗	3.外資系保険会社の相次ぐ参入で、競争が一層激化してくる	↗

経営資源分析例

（事例：地場の住宅建設業。同業他社A社と比較して自社の強み、弱みを洗い出す）

強み	動向	弱み	動向
1.お客様の細かな要望に対して、柔軟に対応できる施工技術がある	→	1.知名度が低いため、相見積もりになると不利になる	↘
2.A社より固定費を抑えているため、手間のかかる労働集約的な施工ほど、割安感を与えることができる	↗	2.営業担当者のクロージング力のバラツキが大きい	→
3.地元住民との関係が強く紹介による契約が多い	↗	3.近代的な工法の施工技術力が劣っている	↗

普段から問題意識を持って外部に目を向け、外部環境や同業他社に関する情報を収集

戦略的な思考で企画を立てる〈企画策定編〉

機会と脅威を洗い出して目標、方針、企画を策定する

■STEP3　機会と脅威の案出

環境要因のプラス要因、マイナス要因、経営資源分析の強みと弱みを組み合わせ、機会と脅威を案出します。

■STEP4　目標、方針、企画（戦略）

機会と脅威の情報を基に、目標、方針、企画（戦略）を策定します。

機会はそれを生かす方法、脅威はそれを回避する方法という視点で検討していきます。

■機会と脅威の案出プロセス

1. 環境分析
2. 経営資源分析

プラス要因 × 強み → 機会

マイナス要因 × 弱み → 脅威

機会の例　自動車メーカー ： 環境プラス × 当社の強み

当社の研究開発部門はドクター、マスターの有資格者が多い。研究予算も多い。環境問題に対応したエンジン開発は、他社に一歩先んずることができる。

脅威の例　IT部品メーカー ： 環境マイナス × 当社の弱み

数年前の品質レベルで改良しないままIT部品を生産しているが、海外の製品にはコスト的にとても対抗できない。

■目標、方針、企画（戦略）の事例

目標	方針	企画（戦略）
３年以内にお客様が親しみの持てる企業を目指す	マスメディアを利用して企業のPR活動を行う	・首都圏を中心にネットCMを流す ・女子社員の接客マナー研修を全支店で実施する
来期、売上高経常利益率５％達成	高利益率商品の受注を促進する	・高額所得者名簿を作成し、重点的にDMを発送する ・高収益商品の契約率向上のための営業マン研修を行う
今期、シェアを５％アップし、ライバルA社を追い抜く	A社の営業基盤の弱いエリアを重点的に攻める	・A社の弱いエリアに営業マンを増員する ・A社の弱いエリアへ、新聞折り込みチラシを月２回行う

●目標の設定 …………… 目標とは、いつまでに、何を得るのかを明確にすること。

●方針の設定 …………… 方針とは、目標を遂行する上での方向性や範囲を示すこと。

●企画（戦略）の設定 …… 企画（戦略）とは目標を達成する上で、何をするのかというWhatにあたるもの。

企画（戦略）案出のプロセスは、計画の立案や、新商品・サービスのアイデア案出など幅広く使用される

キャリアプランを立てる〈過去〜現在編〉

プロセス構図で現在までの仕事を洗い出す

■ キャリアプランに主観や感情を入れてはいけない

あまり知られていないことなのですが、実はロジカルシンキングは**キャリアプランを立てるのに有効**なのです。

キャリアとは、「仕事に関連する目的のために個人が積み重ねた経験」です。そして、どのようなキャリアを形成するか計画を立てるのが、キャリアプランとなります。

キャリアプランは、あくまでも客観的に自己を分析して立てる必要があります。こういう仕事がしたい、こうなりたい、などの漠然とした思いだけでは、周囲から認めてもらうことも難しいでしょう。**キャリアの形成は周囲の人の評価で決まるということを認識する必要があります。**

■プロセス構図でキャリアプランを立てる

キャリアプランは、プロセス構図を使って立てます。そのステップは、過去の実績を分析→現在を分析→将来のキャリアプランを立てる、という順番になります。

①　過去を分析する

入社してから現在まで、どのような仕事をしてきたかを洗い出します。そして、個々の仕事について、自身の満足度がどの程度であったかを振り返ります。

このような作業を漠然と行うと、過去にやってきた仕事の一部を入れ忘れたり年代の誤りが生じたりします。

従って、ライフライン（下欄）という道具を使い正確に過去のキャリアを分析します。これは、横軸に年代を取り、縦軸に満足度を取り、仕事を書き込んでいく方法です。

■ライフラインで自分の仕事を振り返る

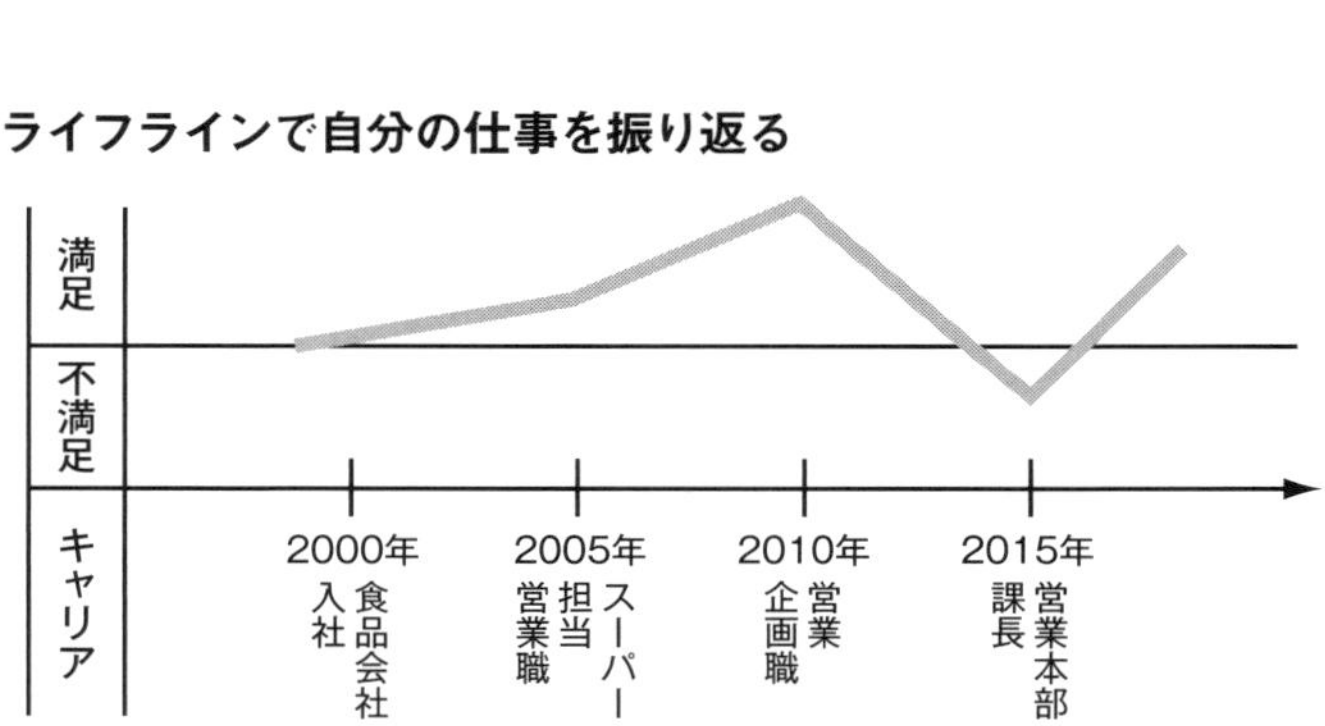

② ライフラインから過去の実績を洗い出す

描いたライフラインから、仕事の成功体験を洗い出します。達成感や満足度の高かった仕事を中心に書き出します。それは、普段のルーティンワークでもかまいません。

③ 業務スキルを洗い出す

達成感や満足度の高かった仕事を行う上で、様々な業務スキルを使っています。業務スキルとは業務を達成するための行動、動作、技術をいいます。

④ 現在を分析する

業務スキルを、活用度と市場性という2つの軸で、整理します。

活用度というのは、現在どの程度、そのスキルを使用して仕事をしているかを表します。市場性とは、そのスキルが将来に渡ってどの程度、需要があるかを表しています。

この分析を行うことにより、キャリアにおける、現在のあなたの実態が明確になるのです。

■自分が何をやってきたのかを洗い出す(事例)

過去の実績	業務スキル
1.新規開拓キャンペーンの企画	・お客のニーズにあった販売促進方法を企画できる ・アイデア性の高い販売促進企画を立案できる
2.○年度 営業実績3位	・お客のニーズにあった提案ができる ・ライバル企業の動向についての情報を収集できる ・キーパーソンが誰か正確に突き止めることができる

ライフラインから、どれだけ数多くの業務スキルを洗い出せるかがポイント

■今、自分にできることをスキル分析で明確にする

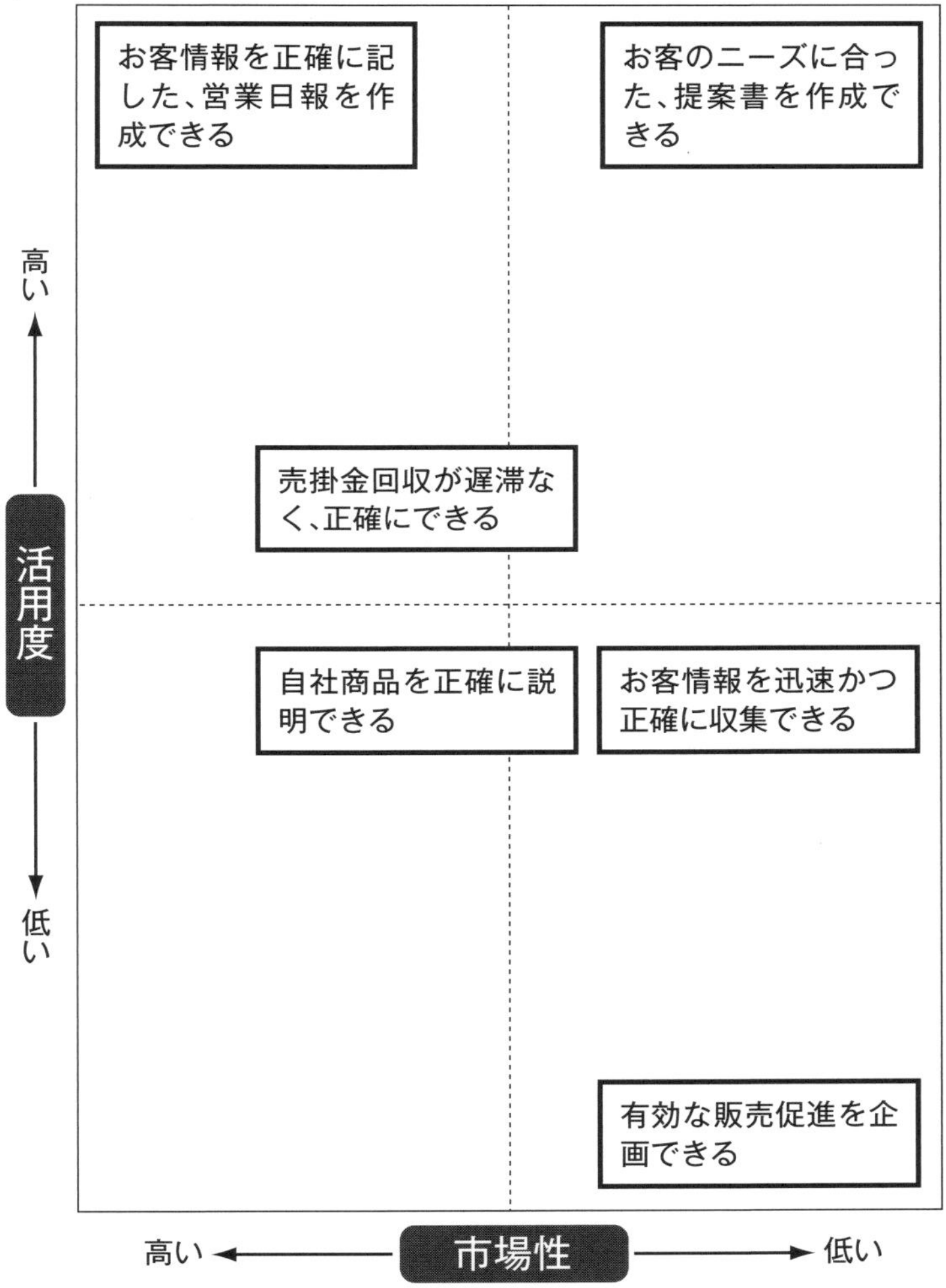

スキル分析で自己の問題点が浮き彫りになり、どんなスキルを身に付けるべきかが明確になる

キャリアプランを立てる〈現在~将来編〉

現状を踏まえて将来実現したい仕事を明確化

■現在から未来を考える

前ページで、スキル分析により現状認識ができることがおわかりいただけたと思います。それを踏まえて、ここからは将来に向けてのキャリアプランの作り方を見ていきましょう。

自分の強み・弱みを洗い出す

キャリアプランを立てるうえで、自己のパーソナリティーを把握しておくことは重要です。職種とパーソナリティーは関係するからです。洗い出しをするうえで重要なポイントは、将来の職業を検討しやすい表現に直すことです。

■パーソナリティーの表現例

慎　重 ―――	私は慎重なので、よく考えてから行動している。
活動的 ―――	私は行動しながら考えるようにしている。
社交性 ―――	私は誰とでもすぐに親しくなれる。
協調性 ―――	私は協調性があるので、周囲の人と良い人間関係を形成できる。
緻　密 ―――	私は緻密なので、大きな失敗をすることが少ない。

仕事上での価値観を確認する

普段意識していなくても、ライフラインなどで過去を振り返ったとき、満足度が高かった仕事には何らかの共通した価値観が存在するものです。

例えば、「上司からすべてを任されて仕事をしたことで満足した」という方は、自立という価値観が強いかもしれません。「関係者とプロジェクトチームを編成し、一致協力して困難な仕事をやり遂げて達成感を得た」という方はマネジメントという価値観が強いのかもしれません。

将来の環境を予測する

企業もそこで働く人も、環境を無視して成長や存続はありません。3年後、5年後にみなさんが働いている業界、企業及び職業が、環境の変化によりどう変化するのかを予測します。

例えば、グローバル化はより進展していくことでしょう。海外市場への進出、外国人との交流はさらに活発になると予想されます。

■仕事をする上での価値観の例

専門性	特定の専門的能力を使って働きたいと考えている。
マネジメント	仕事そのものよりも、組織や人の管理に重きを置く。
創造性	自己のオリジナリティーを重視し仕事を進めていく。
安定	職務の好みだけでなく福利厚生や給与にも目を向け生活の安定を重視する。
自立	他人の指図を受けず自分自身のペースで仕事をしたいと考える。

こうした環境変化は、企業及びビジネスマンの生存領域を大きく変えていきます。

◆人脈の構成図を書いてみる

キャリア形成がうまくいった人と、残念ながらうまくいかなかった人との差となる要因に、人脈の質と量があります。

人間1人でできることは、能力的にも時間的にも限られています。それを補うのが人脈です。特に、サラリーマンは社外に人脈を多く持つ努力が必要です。社内の人脈だけでは、キャリア形成においてどうしても限界があるものです。

■将来に向けてキャリアプランシートにまとめる

環境予測、自己の夢、仕事に関する価値観、得意な業務スキル、パーソナリティー上の強み、人脈。これらのデータを踏まえて、将来に向けて「実現したい仕事」を明らかにします。

以上により、左ページのようなキャリアプランシートが完成します。

■図に描いて現状の人脈を把握する

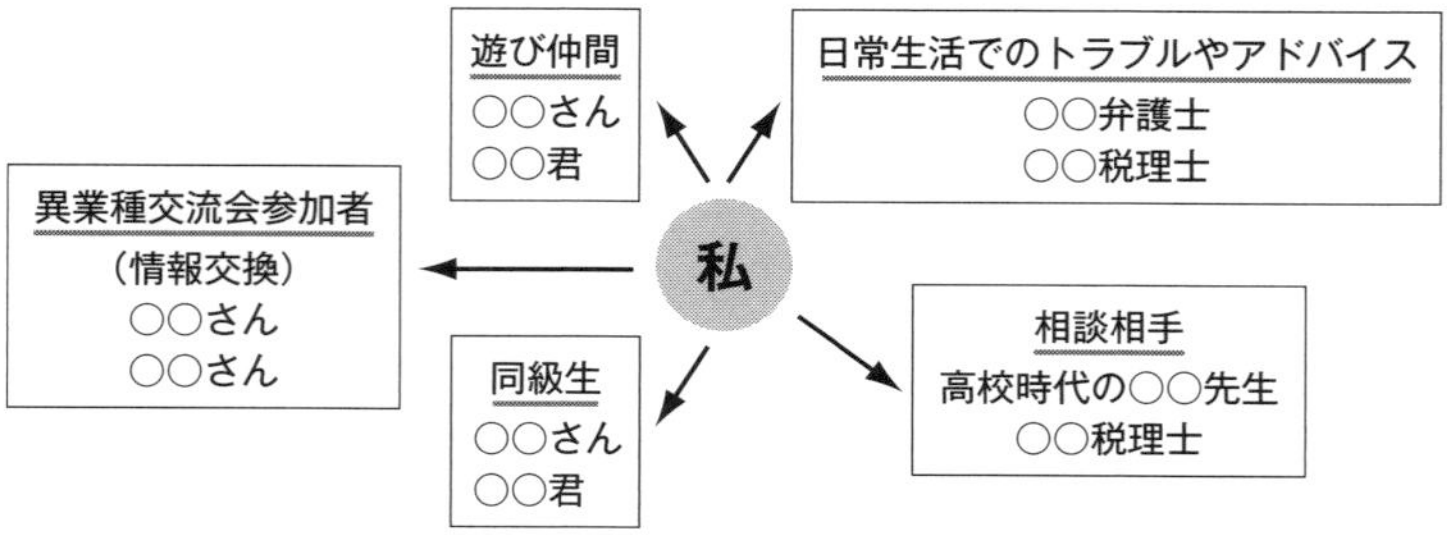

■キャリアプランシートを作って将来を見据える

環境予測

・グローバル化がより一層進展する
・日本でもあらゆる業界に外国人労働者が増加する
・IT、医療分野での技術の進歩が加速化する

自己の夢

・生産部門の役員として、生産拠点を世界市場へ拡大していきたい

価値観

・マネジメントに価値を置く

得意なスキル

・生産管理において品質向上、コストダウンの企画・運営ができる
・後輩指導ができる
・ビジネス英語が話せる

パーソナリティー上の強み

・緻密なので、大きな失敗をすることが少ない
・協調性があるので、周囲の人と良い人間関係を形成できる

人脈

・業務に関する専門的なことを相談できる人が、社内で△人いる
・社外で、生産拠点を海外展開している異業種交流会のメンバーがいる

→

実現したい仕事

1.何年後
５年後

2.どこで
タイの工場で

3.どのような分野で
工場の責任者として

4.どんな仕事を
生産管理及び部下指導に従事

様々な条件を分析し将来を決める人と
そうでない人とでは差が出る

悩みを解決する道具として活用する

どんな悩みかによって、構図を使い分ける

■すべての悩みは人、仕事、金の3つに集約される

世の中に、まったく悩みのない人はいないでしょう。すべての悩みを一気に解決する方法はありませんが、ロジカルシンキングを活用すれば、解決への道が開けるかもしれません。ここでは、ロジカルシンキングで悩みを解消する方法について考えてみましょう。

すべての悩みは、「人に関係する悩み」「仕事に関係する悩み」「お金に関係する悩み」に集約されるといわれています。

これらをロジカルシンキングのノウハウを活用して解決する

糸口を考えていきます。

■ＴＡを利用して人に関係する悩みを解決

上司との人間関係で悩んでいる方はたくさんいます。長く会社員として生活を送っていれば、合わない上司に出会うことは不思議ではありません。

まず、人間関係を修復する方法について考えてみましょう。人間関係を悪化させる大きな原因として、自分と性格が異なるという「相性の問題」があります。

東京大学の診療内科では、ＴＡ（Transactional Analysis、交流分析ともいう）という性格分析関連の研究をしています。

ＴＡとは、人の心の仕組みやありようを分析するもので、各人のパーソナリティー、特に自我状態の特徴を明らかにするものです。自我状態というのは、その時々で変わる個人の気持ちのことを指します。

このＴＡでは、相手との相性が良いのは同じタイプの人間同

■TAから見たタイプ別対人関係形成方法

相手のタイプ	対応方法
上から目線で、指示・命令が多い	・機敏に動く ・はっきりとした姿勢をとる ・意見、主張を述べる
重箱の隅を突っつくように細かい	・事実とデータに基づいて説明する ・論理的、理論的に考えて接する ・手順、計画を立てて仕事を進める
自信がなくいつも周囲を気にしている	・相手に合わせる ・攻撃的、挑戦的にならない ・聞く姿勢を示す

対人関係能力の高さは、対応方法を身に付けているかどうかで決まる

士だという考え方があります。

例えば、明るく朗らかな相手には、自分が違う性格であっても明るく接すれば、関係がうまくいくという考えです。

ただし、相手に合わせてはいけない場合もあります。威圧的にものを言う指示・命令型の上司に接する場合は、同様に威圧的に物事を言ってはいけません。火に油を注ぐようなものです。

ガミガミと言われる前に仕事をし、自ら進んで提案することにより、上司の威圧的な言動は少なくなります。なぜなら、指示・命令型の上司は、自ら進んで仕事をする部下を望んでいる場合が多いからです。このように、TAを利用して91ページのように分析し、人間関係を改善していくのもひとつの方法です。

■ツリー構図で仕事の悩みの原因を突き止める

現在の仕事がどうしてもうまくいかない、仕事に関係するスキルが十分に身に付かない……。こうした悩みなら、ロジカルシンキングのノウハウを十分に活用できます。

■ツリー構図で悩みの真因を分析してみよう

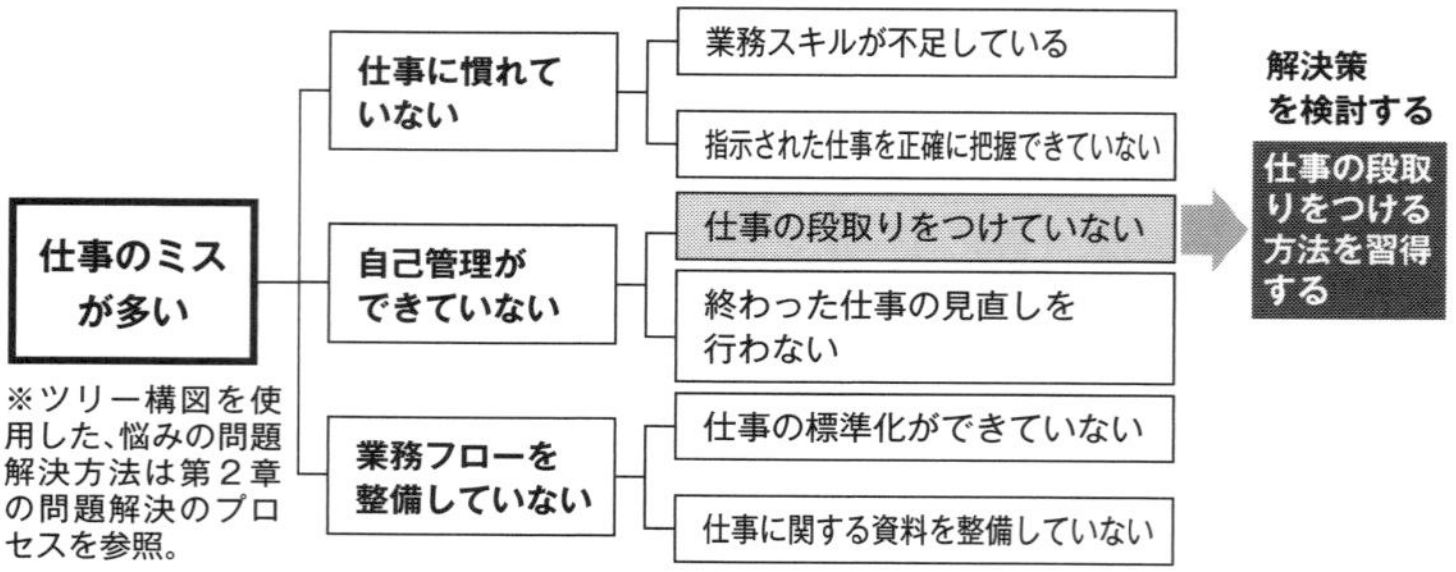

仕事のミスが多い
仕事に慣れていない
業務スキルが不足している
指示された仕事を正確に把握できていない
自己管理ができていない
仕事の段取りをつけていない
終わった仕事の見直しを行わない
業務フローを整備していない
仕事の標準化ができていない
仕事に関する資料を整備していない
解決策を検討する
仕事の段取りをつける方法を習得する

※ツリー構図を使用した、悩みの問題解決方法は第２章の問題解決のプロセスを参照。

例えば、仕事のミスが多い場合は、ツリー構図などを使用して原因を分析します。

そして、これこそがミスを発生させる一番の原因（真因）だという項目を見つけ出し、解決策を考えていけば良いわけです。

■マトリックス構図の考え方でお金の悩みを解決

お金の悩みを抱えている方の大半は、収入と支出の管理ができていないのが原因といわれています。

マトリックス構図での、「情報と情報を組み合わせて比較する」という考え方を使い、下欄のように収入と支出を整理してみてください。無駄な支出、減らせる支出が見えてきます。

収入が減り、支出の見直しにも限界があるといったケースでは、解決への選択肢は限られてきます。副収入の道を考える、転職する、思い切って物価の安い新興国へ移住する、などでしょうか。もっとも、こういったケースは、ロジカルシンキングの領域ではありません。

■マトリックス構図の比較対比の考え方で「収入」と「支出」を分析

収入の部		支出の部		
御主人の手取り収入	250,000	住居費	100,000	
		食費	50,000	
奥さんのアルバイト収入	50,000	水道光熱費	15,000	
		通信費	**18,000**	⇐ 携帯電話を格安スマホに替える
		生活日用品	15,000	
		医療費	3,000	
		保険	**30,000**	⇐ かけ捨ての定期保険を解約する
		預貯金	50,000	
		小遣い	50,000	
合　計	300,000	合　計	331,000 ▲31,000	

TRAINING

❸ プロセス構図で仕事の進め方を改善する

【 問 題 】

あなたが担当している定型業務をひとつ特定し、その仕事の進め方を下記のプロセス構図へ記入してください。
次に、改善すべき箇所にアンダーラインを引き、その下に改善内容をわかりやすく加筆修正してください。

テーマ:

手 順	解 説
STEP1	
STEP2	
STEP3	
STEP4	
STEP5	

【 模範解答 】

テーマ:パンの製造工程・パンの品質の向上

手 順	解 説
STEP1 仕込み	・厳選した素材を混ぜ合わせてパン生地を作成。生地は約12時間かけて発酵
STEP2 分割・成型	・仕込んだパン生地を分割。焼き上げる前に種類ごとに成型
STEP3 最終発酵	・成型した生地を最終的に発酵させる **(改善)気温と湿度などの管理を徹底し、発酵温度と発酵時間を調節** ・生地が乾かないように霧を吹きかけて発酵
STEP4 焼成	・オーブンで焼く **(改善)焼く時間や温度は種類によって変える** ・焼き上がったら台へ打ちつけて、パンの中に充満している水蒸気を放出
STEP5 検品・包装	・できあがったパンは、異物が混入されていないか機械で検査 ・検査後、包装機で包装

※解答のポイント

・仕事の手順がしっかりと把握できているか
・普段から問題意識を持ってどこを改善すれば効率性・生産性が上がるかを、プロセス構図という全体像から考えているかが問われる

第 4 章

論理的な
コミュニケーションを取る

効率的に情報を伝えるためには、
論理的な情報整理が求められる

ツリー構図でポイントを押さえた話し方を身に付ける

相手に伝わりやすい話の構成を意識すること

■情報が伝わりやすい「論理的な」コミュニケーション

論理的なコミュニケーションとは、筋道が通った誰にでもわかりやすい情報伝達のことです。論理的にまとめてわかりやすく伝える情報伝達が、ビジネスの世界で強く求められています。そのための道具として、３構図は有効です。

■ツリー構図による論理的コミュニケーション

ツリー構図は、**情報を階層化して発信する**場合に使用します。階層化して発信するとは、例えば最初の説明に対して、より具現化する、注釈を加える、事例を述べる、といった方法によりわかりやすく伝えるということです。
以下は、１００円ボールペンについて、ツリー構図を使うといかにわかりやすく説明できるか紹介した事例です。

（事例）

「それでは、この１００円ボールペンの**特徴**（テーマ）について説明します。この説明をお聞きになれば、**ぜひ使用したい**（結論）と思われることでしょう。１００円ボールペンの**特徴は、３点あります**（話のポイント）」

「**１点目**、値段が１００円ですから、うっかりなくしてもあまり気になりません。また、躊躇なく買えます」

「**２点目**、色が透明なので、買い換え時がわかります。また、不良品をつかんでしまうリスクが低いです」

「**３点目**、軽いので、書いていて疲れません。また、持ち運びが楽です」（１～３点＝大項目３点）

「以上、**１００円ボールペンの特徴について**ご説明しました（テー

■ツリー構図で100円ボールペンを説明しよう

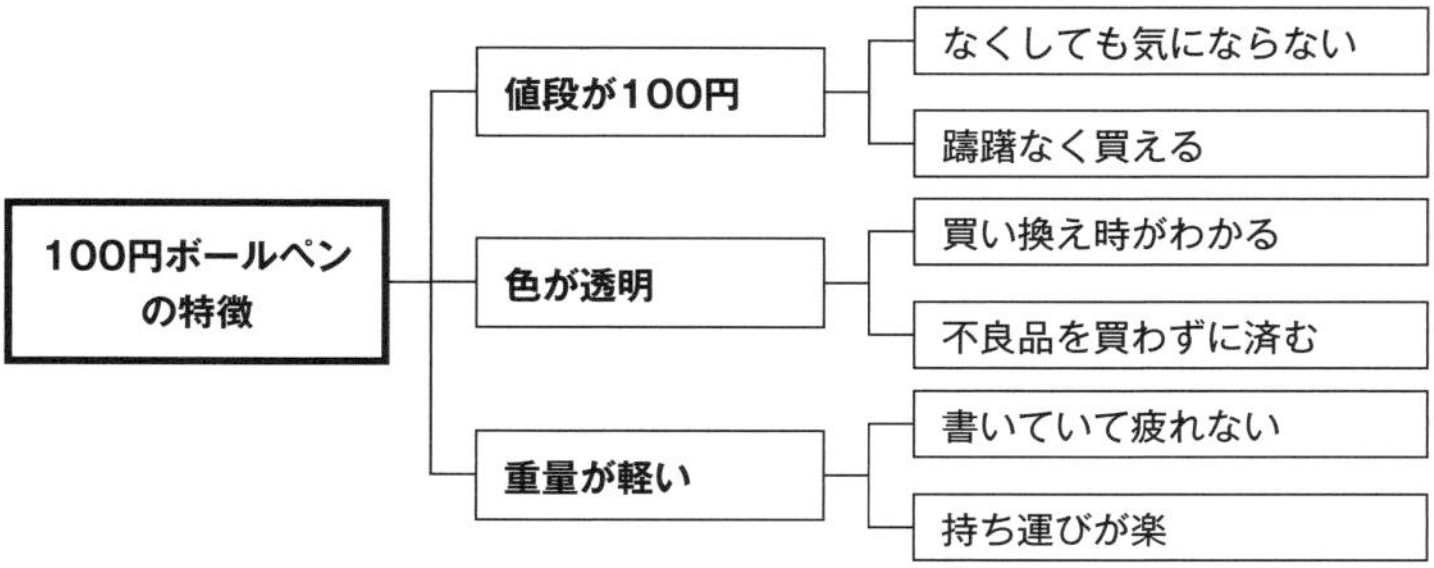
100円ボールペンの特徴
値段が100円
なくしても気にならない
躊躇なく買える
色が透明
買い換え時がわかる
不良品を買わずに済む
重量が軽い
書いていて疲れない
持ち運びが楽

マの繰り返し）。この100円ボールペンのご購入をご検討いただけますよう（結論の繰り返し）、よろしくお願い申し上げます」

■ツリー構図を使う会話は構成に留意する

35ページ下欄の図「相手に伝わりやすくなる構成」で説明した、「1．テーマ：何の話か」「2．結論：何を言いたいのか」「3．大項目：話のポイント」「4．構図：構図に基づいて話す」、この4点を押さえておくと、相手にわかりやすく話を伝えることができます。

■大項目は多すぎても少なすぎてもダメ

大項目の設定は、3点前後が望ましいとここまでにも書いてきました。その理由は、項目が多すぎると、大項目の情報がダブり、**聞き手は覚えられません**。逆に大項目がひとつだけだった場合、情報にモレがあったり、狭い視点からの話で、**説得力に欠けたりする**からです。

■ツリー構図ではまず分野を意識して整理する

意識する分野

1．位置　・・・　位置関係、場所、地理、方角
2．機能　・・・　要素、性能、成分、特性
3．種類　・・・　特徴、分類、五感、メリット
4．数値　・・・　経営数値、金額、年齢、回数

具体的な大項目３点の設定例

・位置を切り口として考えると、
「上―中―下」「北部―中部―南部」

・機能を切り口として考えると、
「安全性―耐久性―快適性」

・種類を切り口として考えると、
「事実情報ー推測情報ー感情情報」

・数値を切り口として考えると、
「売上高―粗利益―原価」

**上記の１～４のどれに所属するか確認したら、
切り口を考えてMECEにより大項目３点を設定する**

マトリックス構図を使った話し方を身に付ける

複雑になりがちなのでビジュアルでの補足も考える

■マトリックス構図による論理的コミュニケーション

マトリックス構図は、情報と情報を組み合わせて話したり（相互関連構図）、情報と情報を比較して話したり（比較対比構図）する場合に使用します。

（相互関連構図の事例）

「今期、わが社は、**2つの新商品を発売します。その説明をさせていただきます**（**テーマ・結論**）。

『デジタルカメラBOZU一眼レフデラックス』と『同、エコノミー』という商品です。**この2品について特徴及び利点・機能を中**

心に説明します（ポイント）」

「まず、デジタルカメラＢＯＺＵ一眼レフデラックスをご説明します。このカメラは、有効画素数が５０００万画素と、銀塩フィルムと変わらない、業界で最高の高画質を実現しました。

２点目は、１秒間に約12コマの撮影が可能なことです。超高速の連続撮影により、決定的瞬間を逃しません」

「次に、デジタルカメラＢＯＺＵエコノミーをご説明します。まず、幅80×高さ50×奥行き25ミリの超コンパクトサイズという点が特徴です。このサイズは、業界で最小サイズであり、持ち運びに便利です。

２点目は、自動機能付きという部分です。自動機能に設定すれば、シャッターボタンを押すだけで、初心者でも簡単にハイレベルの写真を撮ることができます」

「以上、デジタルカメラＢＯＺＵ一眼レフデラックスとエコノミーという**2品の新商品について、特徴及び利点・機能を中心に説明させていただきました**（テーマ・結論、ポイントの繰り返し）」

■マトリックス構図で2つの商品情報を組み合わせて話す

	特徴	利点・機能
デジタルカメラ BOZU 一眼レフデラックス	1.有効画素数5,000万画素	1.銀塩フィルムと変わらない業界で最高の高画質を実現
	2.約12コマ/秒の連続撮影	2.超高速の連続撮影が可能。シャッターチャンスを逃さない
デジタルカメラ BOZU エコノミー	1.幅80×高さ50×奥行き25ミリの超コンパクトサイズ	1.業界で最小のコンパクトサイズで持ち運びに便利
	2.フルオート機能付き	2.フルオートモードに設定すれば押すだけ。初心者でも簡単に写せる

（比較対比構図の事例）

「このたび発売しました、新スナック菓子『**ヘルシーポテト**』**について説明します**（テーマ）。こちらは、**健康志向のニーズにマッチした大ヒット間違いなしの新商品です**（結論）」

「1点目は、**糖分における加工技術**、2点目は**塩分における加工技術において、従来の商品との比較でご説明します**（ポイント）」

「1点目、糖分における加工技術についてです。従来の商品は糖分が多く、不健康なイメージがありました。それと比較してヘルシーポテトは、『スイートカット』という技術を採用し糖分を50％削減しました」

「2点目、塩分における加工技術についてです。従来の商品は塩分が多く、不健康なイメージがありました。それと比較してヘルシーポテトは、『さわやかな甘さ』をコンセプトに塩分を30％削減しました」

「以上、新スナック菓子**ヘルシーポテトにつきましてご説明しました。この商品は、健康志向のニーズにマッチした大ヒット間違いな**

■マトリックス構図で従来品との比較対比を明確にする

テーマ：新スナック菓子「ヘルシーポテト」の商品説明
結　論：健康志向のニーズにマッチした大ヒット間違いなしの新商品

	従来の商品	ヘルシーポテト
1.糖分における加工技術	糖分が多く不健康	「スイートカット」で糖分を50%削減
2.塩分における加工技術	塩分が多く不健康	「さわやかな甘さ」をコンセプトに塩分を30%削減

しの新商品といえます（テーマ、結論の繰り返し）」

■視覚媒体と共に使用されることが多い

マトリックス構図は、パワーポイントのスライドや提案書の資料など、**視覚に訴える媒体と共に使用される場合が多い**のが特徴です。

情報と情報を組み合わせるマトリックス構図は、ツリー構図などと比較して構造が複雑になるため、言葉の情報だけでは、相手に理解されづらい点があります。

その複雑な構図を、わかりやすくするため、視覚に訴える情報媒体と共に使用されることが多くなるのです。

ビジネスシーンでマトリックス構図がよく使われるケースは、製品の複数の項目にわたる分析結果の説明や、他者との比較による自社の優位性の解説、新商品／サービスの機能・コスト・操作性といった特徴の説明、などです。

プロセス構図で時系列に整理して話す

商品のバージョンアップによく使われる

■プロセス構図による論理的コミュニケーション

プロセス構図は、時間軸で情報を整理して発信する場合に使用します。

（事例）

「当社のIPシステムについてご提案させていただきます（テーマ）。**導入をご検討くださいますようお願いします**（結論）。

このシステムのメリットを**1．導入時のメリット、2．メンテナンス時のメリット、3．拡張時のメリットの順にご説明させていただきます**（ポイント）」

「1番目に、導入時のメリットです。①現システムをご使用のまま変更が可能です。ですから、業務に支障を来すことがありません。また、②工事費が他社と比較して安いです。こちらの価格表をご覧ください」

「2番目に、メンテナンス時のメリットです。①定期的に3カ月に1回メンテナンスにおうかがいします。ですから、思わぬトラブルが発生する確率が低くなります。また、②急なトラブルが発生したときでも、原則としてその日のうちに修理におうかがいします」

「3番目に、拡張時のメリットです。①工期が他社に比べて短くて済みます。ですから導入時同様、業務に支障を来すことがありません。また、②遠隔操作による端末の管理が簡単になります」

「以上、**当社のIPシステムについて、1．導入時のメリット、2．メンテナンス時のメリット、3．拡張時のメリットの順にご提案させていただきました**（テーマ、ポイントの繰り返し）」

プロセス構図を使用する場合は、時間の経過と共に解説内容も変化させていく必要があります。

■IPシステムの提案をプロセス構図で整理する

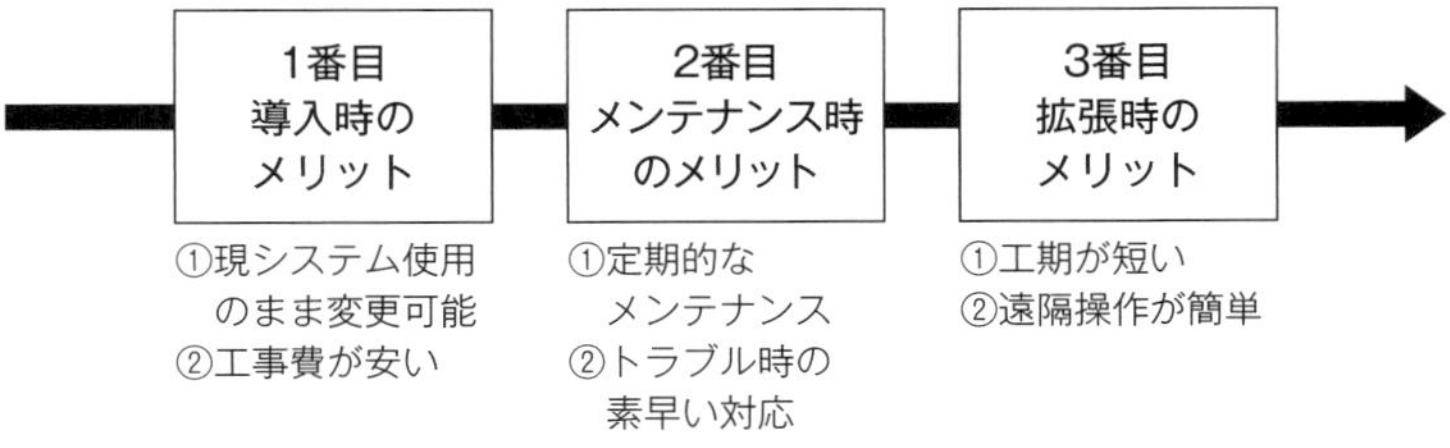
1番目
導入時の
メリット
①現システム使用
のまま変更可能
②工事費が安い
2番目
メンテナンス時
のメリット
①定期的な
メンテナンス
②トラブル時の
素早い対応
3番目
拡張時の
メリット
①工期が短い
②遠隔操作が簡単

■3構図のどれを使用するかは話の内容次第

ツリー構図、マトリックス構図、プロセス構図を使用した話し方をご紹介しました。どの構図を使用するかは、**話の内容と話の組み立て方で決まります**。

例えば、「Aという商品の説明」というテーマで話を組み立てるとします。

商品の特徴に焦点を当て、詳細に説明をするならば、ツリー構図を使用します。同業他社と比較して、A商品の優位性を強調したいならば、マトリックス構図を使用します。A商品がバージョンアップしたことを強調するならば、時系列で説明するプロセス構図を使用します。

スマートフォンやゲームアプリなどは、プロセス構図を使用した説明がよく使われています。

聞き手にとってわかりやすいか、話の内容にどれほど説得力を持たせられるかは、どの構図を使うかで決まってきます、

■3構図のどれを使用するか

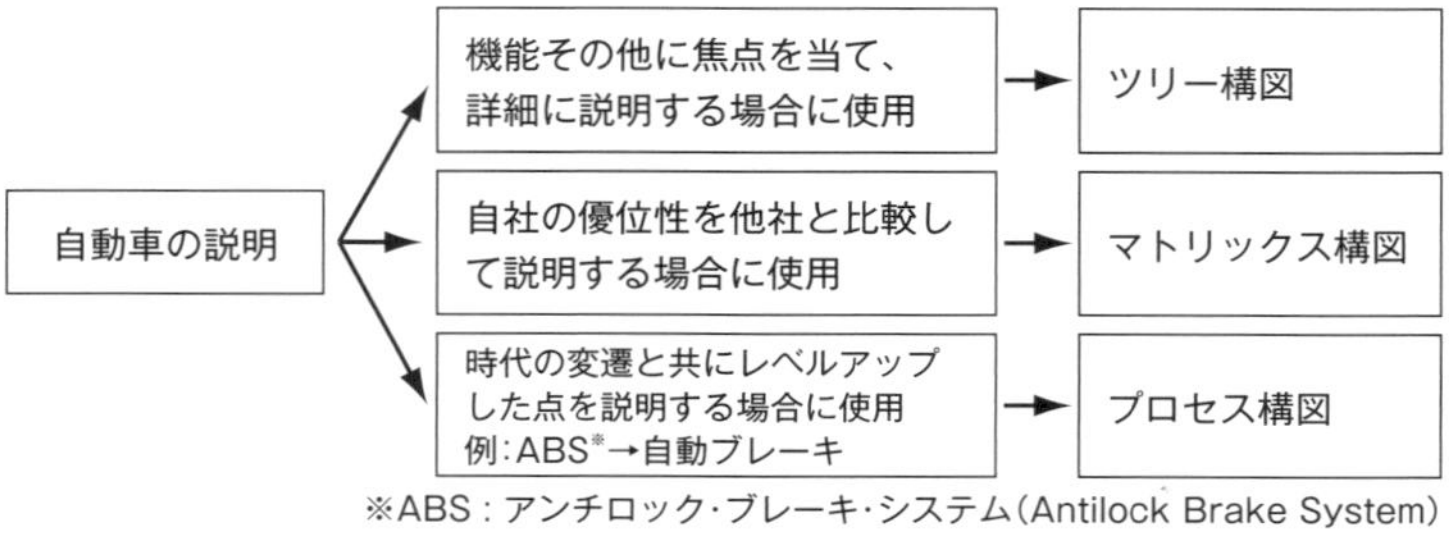

※ABS：アンチロック・ブレーキ・システム（Antilock Brake System）

■プロセス構図の設定例

1.	前	→ 中	→	後
2.	朝	→ 昼	→	晩
3.	春 → 夏	→ 秋	→	冬
4.	20代	→ 30代	→	40代
5.	初期	→ 中期	→	後期
6.	過去	→ 現在	→	未来
7.	計画段階	→ 実行段階	→	終了段階

プロセス構図を使用して情報を整理する場合、ツリー構図のように分野（1.位置、2.機能、3.種類、4.数値）から絞り込むことはない。
その情報を、時間軸で整理したほうがいいかどうかで決定するため。重要なのは、どのような切り口（上の1.～7.参照）で大項目３点を設定するか。

プロセス構図は、物事の順番決めなど
普段使っていることなので馴染みやすい

3構図に当てはめて聞くロジカルリスニング

論理的に聞けば、情報のモレやダブりがすぐわかる

■相手の話を正確に把握する方法

相手の話を3構図のいずれかにあてはめて聞くことにより、正確に情報を把握する方法です。96～107ページで3構図を使用したわかりやすい話し方をご紹介しましたが、その逆を行えば、正確に人の話を聞くことができるのです。

そのために押さえておきたいポイントは、「1．テーマ：何の話か」「2．結論：何を言いたいのか」「3．大項目：話のポイントは」「4．構図：構図に基づいて聞く（話の骨子は何か）」の4つになります。

〈事例〉

「このたび、当神田銀行が発行しました、ドリームカードのサービスについてご説明します。

今まで考えられなかったたくさんのサービスを、お客様は享受できます。

まず、都内の鉄道機関すべてに利用できるカード機能があります。ユーザーは、改札機の読み取り面へカードを近づけるだけでいいのです。これは便利ですよ。

それから、バスも、このカードで乗れます。いちいち小銭を用意しなくても済みますよ。バスに乗って財布を開けたら1万円札しかなくて慌てた、という経験はありませんか？　これからは大丈夫です。

契約しているスーパーでこのカードを使用すれば、ディスカウントサービスが利用できますよ。だいたい3％引きになります。デパートでは、優待客サービスが利用できます。特にお中元、お歳暮の対象商品は市価の15％引きになりますからお得ですね。

■ツリー構図を使って情報整理したロジカルリスニング模範解答

テーマ：ドリームカードのサービス内容
結　論：ドリームカード契約のお願い

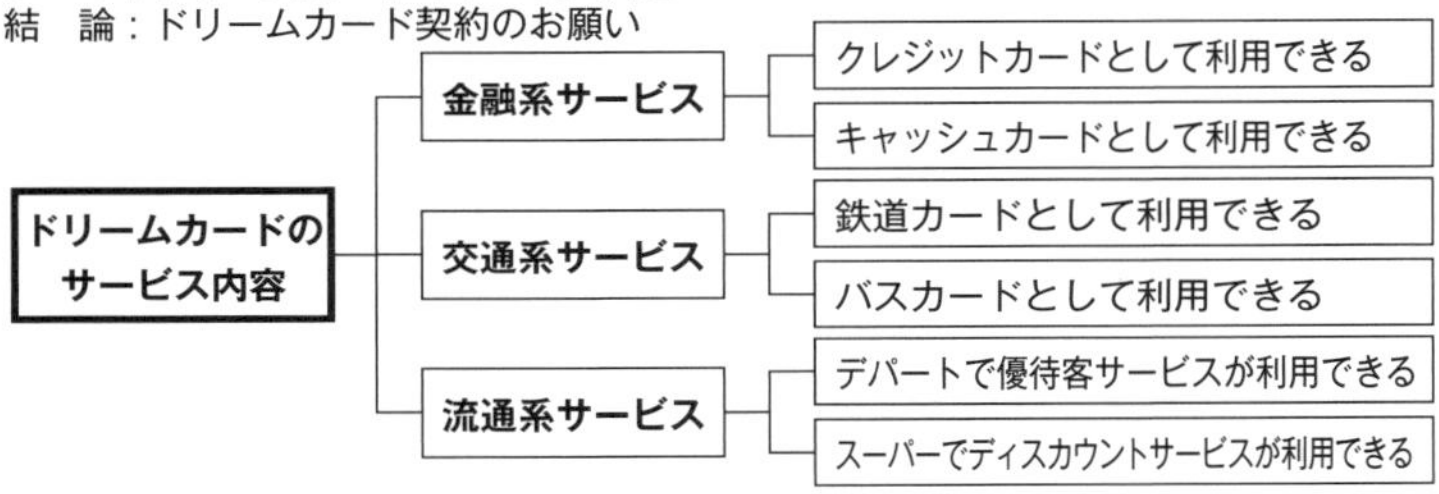

ドリームカードのサービス内容
金融系サービス
クレジットカードとして利用できる
キャッシュカードとして利用できる
交通系サービス
鉄道カードとして利用できる
バスカードとして利用できる
流通系サービス
デパートで優待客サービスが利用できる
スーパーでディスカウントサービスが利用できる

当然、クレジットカードとしてもキャッシュカードとしても利用できます。

大きく分けますと、金融系、交通系、流通系のサービスの3種で利用できるカードといえます。ぜひご契約くださることをお願いし、話を終わらせていただきます」

■ときには質問も必要

前の事例は、必要情報と不要情報が混在し、整理して話せていません。このような場合、話のテーマ、結論、ポイント、構図で情報を整理して正確に情報を把握する必要があります。

それでもわからない場合は、**質問が必要**になります。何の話かわからない、何を言っているのかわからない、要点がわからない、事例が要点と合っていない、話の内容とテーマが合っていない、必要情報が不足しているなどの場合、**情報を補充するために質問します**。ポイントは、相手の話を聞きながら情報を組み立て、欠けている情報を見つけることです。

■ロジカルリスニングで正確に聞き的確に質問する

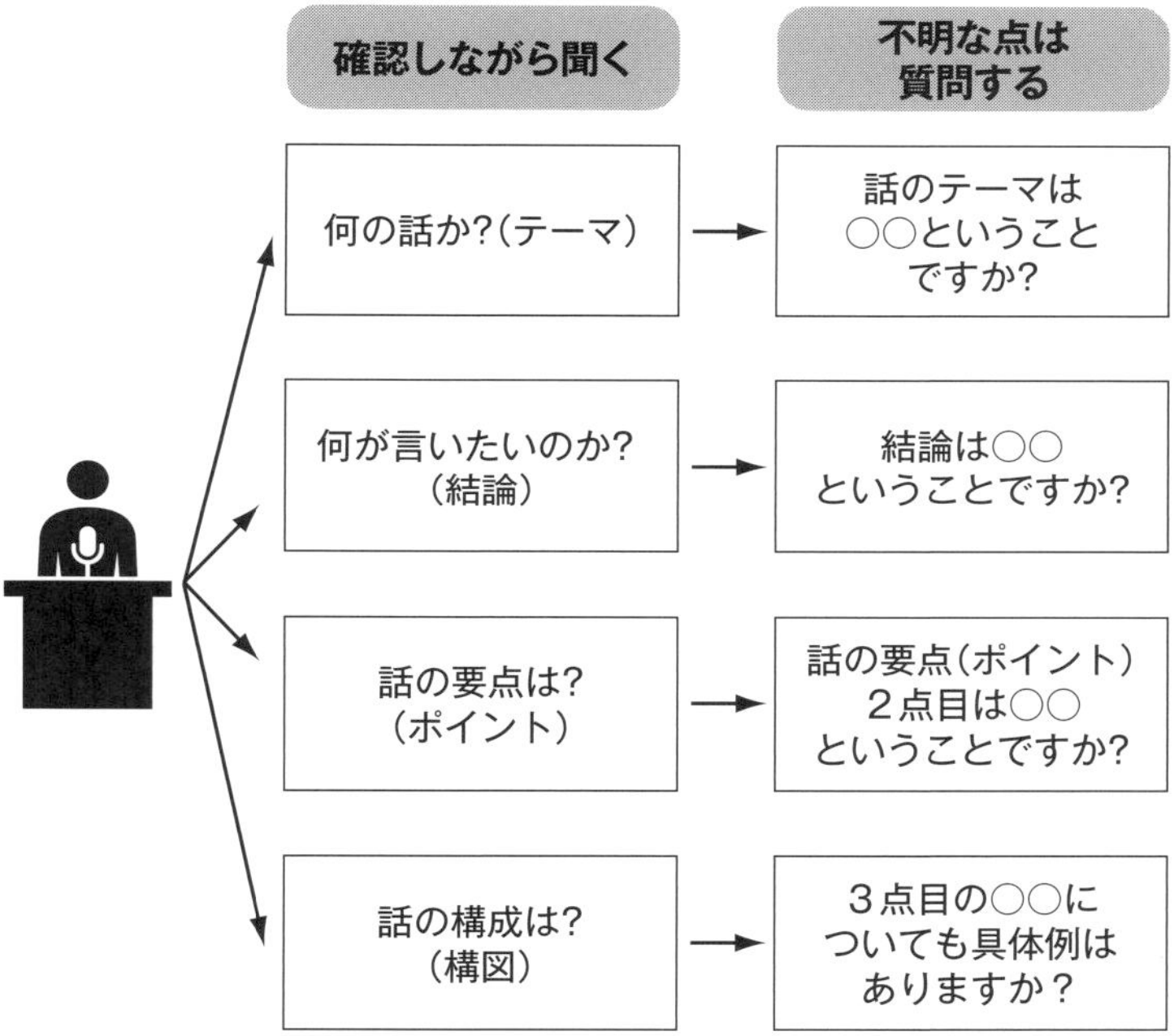

1.話のテーマ、2.結論、3.大項目、4.構図の4点を押さえて聞き、情報が欠けている場合は、質問をする。

ロジカルリスニングとは、相手の話を正確に聴き、正確に質問するスキルである

提案の構図でプレゼンテーション力が上がる

序論、本論、終論に入る情報をそれぞれ把握

■ 数学の公式のように使える提案の構図

提案の構図は、プレゼンテーションのときに使用する応用複合構図です。構図に、機械的に情報を当てはめるだけで、プレゼンテーションの骨子はできあがります。

■ 提案の構図の構成

この構図は、序論、本論、終論という3点から構成されています。序論と終論に入る情報は、決まっています。また、本論部分に入る情報は、3構図などです。

■提案の構図の使い方を覚えよう

序論

序論の目的：聴衆に聞く準備をさせること。
次の4つの情報が入る。

- **①聴衆を注目させる** ―― 聴衆が話を聞いてくれるように、視線をこちらへ向けさせる（例：聞き手に質問する）
- **②聴衆を引きつける** ―― 聴衆が話を聞きたい気にさせる（例：聞き手に話を聞くことのメリットを強調する）
- **③テーマ、結論を明確にする** ―― 何を話すのか、何を言いたいのかを明確にする
- **④本論を予告する** ―― 話のポイントを明らかにする（例：「話のポイントは3点あります」）

本論

序論の目的が達成できたら本論に入る

①ツリー構図
②マトリックス構図
③プロセス構図
④応用構図
のいずれか、もしくは組み合わせで構成される

終論

終論の目的：理解を深め、記憶させること

- **①テーマと結論の繰り返し** ―― もう一度何について、何を言いたかったのかを繰り返す
- **②本論部分の大項目の繰り返し** ―― どんな話をしたのかという概要を繰り返す
- **③締めの言葉** ―― 最後に一言、印象に残る言葉を入れることにより、プレゼンテーションに対する評価は高まる

この構図を身に付ければ
どんなプレゼンテーションでも活用できる

■提案の構図をどのように組み立てるか

構成表のテーマ：社外人脈の重要性

Ⅰ．序論

A 聞き手を注目させる	人脈を広げているか問う
B 聞き手を引きつける	自分は帰国子女なので、人脈の重要性については身をもって知っている
C テーマと結論を明確にする	人脈の重要性について この話を聞いたら、重要性が理解できる
D 本論を予告する	• 世の中の動きが実感できる • 自分のレベルがわかる • 仕事に役立つ

Ⅱ．本論

1	世の中の動きが実感できる	新聞や雑誌の報道内容について人と話をすることで、身近な問題として理解できる
2	自分のレベルがわかる	様々な分野の人と情報交換を行うことにより、知識の程度やものの見方、考え方の程度がわかる
3	仕事に役立つ	様々な人と知人になることにより、仕事に必要な知識やノウハウを手軽に入手できる

Ⅲ．終論

A テーマの繰り返し	人脈の重要性について重要性が理解できたかどうか確認
B 本論概要の繰り返し	• 世の中の動きが実感できる • 自分のレベルがわかる • 仕事に役立つ
D 結論の繰り返しと締めの言葉	人脈の重要性について認識する 人脈の輪を広げるきっかけにして欲しい

提案の構図のワークシートとして活用できる

■プレゼンテーションで聴衆を引きつける技術

[立って話す]——アピール度が高まる

[聴衆との距離をコントロールする]——重要な話の時は近づく

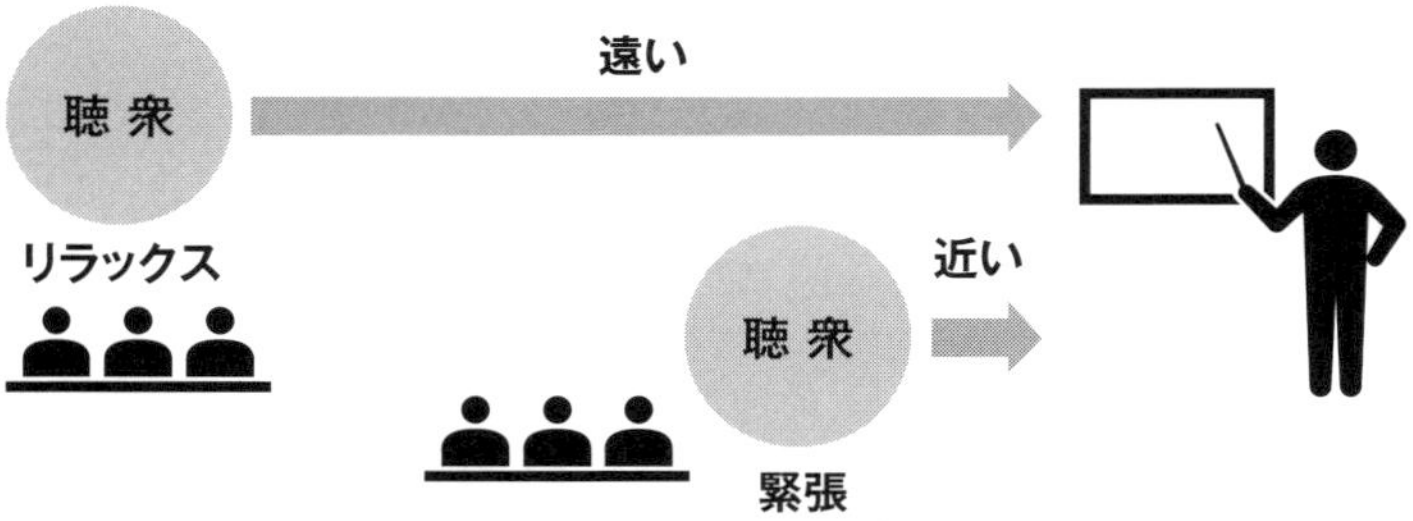

[肯定的な表現を使う]

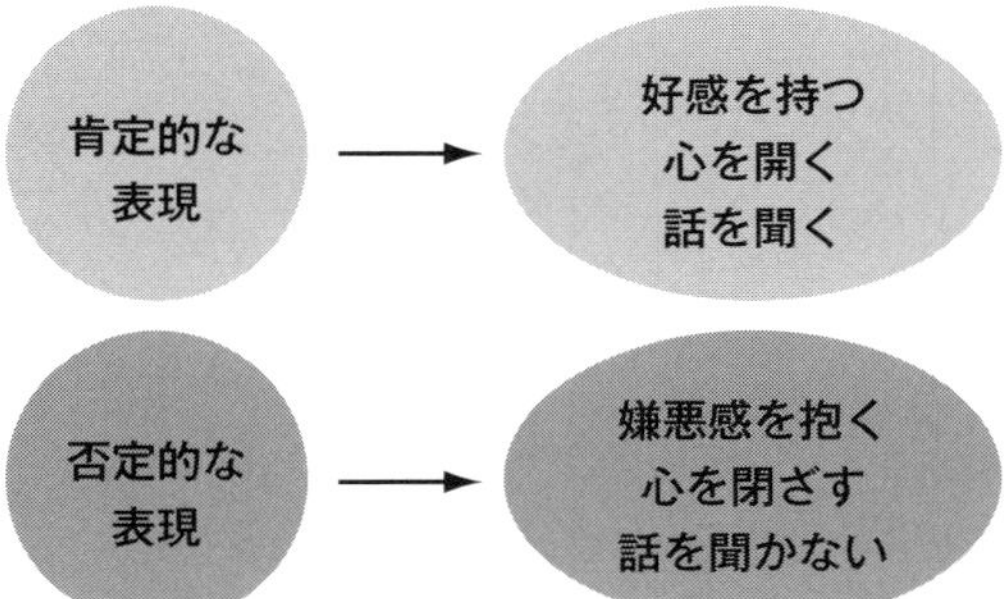

心理的効果として、
知っていると役立つ

簡潔明瞭にするロジカル報連相

3構図を使い余計な情報は捨てる

■タイミングとわかりやすさ、正確さがポイント

①タイミング良く使用する

報連相はタイミングが重要です。仕事を始める前、仕事の途中、仕事が終了したとき、その時々に応じて的確なタイミングで報連相をしなければなりません。

②わかりやすく、簡潔、正確に伝える

相手がその意味を理解できなかったり、異なった取り方をしたりしてしまうような報連相では、その目的を達成することはできません。

■3構図を使用した簡潔明瞭な報連相

1.報告事例――テーマ＋結論＋理由で報告

テーマ「課長、昨日の商談結果を報告します」

結　論「残念ながら商談は失敗しました」

課　長「失敗の原因は何？」

部　下「はい。お客様から得た情報によりますと、考えられる失敗の原因は3点あります。

1点目は、ライバル企業と比較して価格が高かったこと。

2点目は、お客様の商品における要望を十分に把握できていなかったこと。

3点目は、お客様への提案時期が遅かったことです」

（理由）

テーマ＋結論の報告に対して、上司や先輩から理由などを聞かれた場合、ポイントを絞って説明します。その場合、ツリー構図の大項目がよく使われます。

■報連相の「報」は、テーマ＋結論＋理由で報告

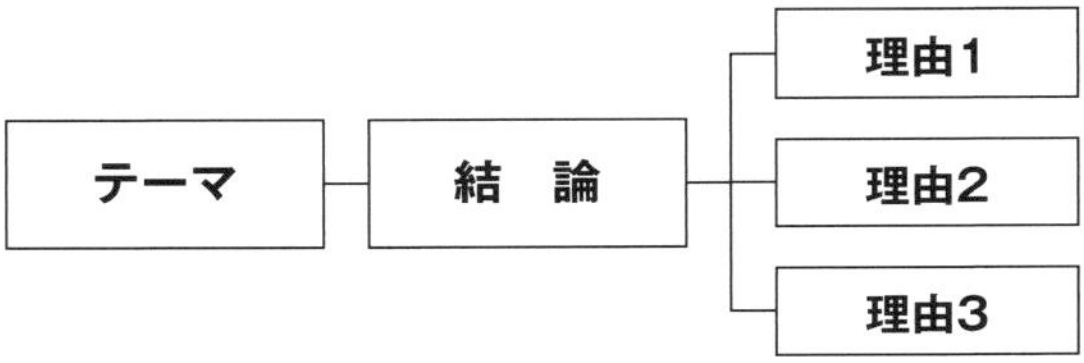

ツリー構図の応用。こういった型を覚えておくと実践ですぐに使える

また、説明するうえで自分の意見や考えといった推測情報が入る場合は、相手に断ってから述べます。

2. 連絡事例――テーマ＋結論＋5W1Hで連絡

テーマ「課長、来月、生産管理部で品質管理向上研修会が開催される、という連絡がありました」

結　論「品質管理向上に役立つ研修なので、ぜひ参加して欲しいとのことでした」「(メモを渡して)日時、場所、主催は以下の通りです」**(5W1H)**

5W1Hに関する連絡事項は、メモなどで伝えるのが一般的です。メールで連絡する場合も、5W1Hで文面を構成します。

3. 相談事例――テーマ＋結論＋提案で相談

テーマ「課長、ご相談があります。Y製品の不良率が上がっています」

結　論「私としては不良率低下のため、次の対策を講じたいと思います」

「Y製品の不良率の一番は、包装不良によるものです。包

■報連相の「連」は、テーマ＋結論＋5W1Hで連絡

テーマ ― **結　論** ―

5W1Hのメモ
1. テーマ　品質管理向上研修会
2. 目　的　製品の品質を安定させ、不良率を削減する
3. 日　時　○○年○○月○○日○○時
4. 場　所　弊社○○会議室
5. 主　催　生産管理部

ツリー構図の応用。5W1Hは簡潔明瞭に

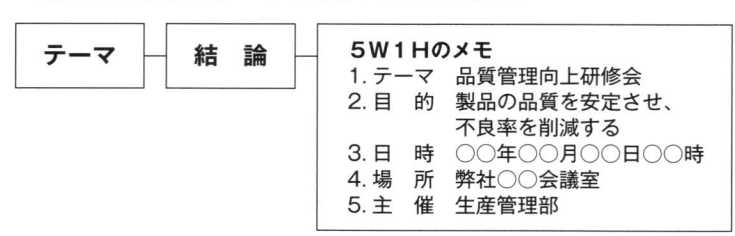

装不良の具体的な原因を分析して対策を講じたいと思います」（提案）

仕事に慣れてきたら、単純な相談から提案型の相談へとシフトしていきましょう。「この件について私はこう思う」「このようにした方が良いと思う」「このように改善策を講じたい」といった前向きな相談へ転換していくのです。

上司や先輩も、前向きな提案を期待しており、こうした対応があなたのビジネススキルの向上にも繋がります。

■報連相こそロジカルシンキング最大の見せ場

社内外でのコミュニケーションで報連相は欠かせません。そしてロジカルシンキングのノウハウは、ビジネスシーンの中でも、この報連相の時にもっとも使われるのです。

つまり、報連相の時こそ、ロジカルシンキングを知っている社員とそうでない社員の差が、顕著に表れるといえます。その差が、その後の仕事の結果として表れます。

■報連相の「相」は、テーマ＋結論＋提案で連絡

テーマ	結　論	〈提案の骨子〉 ・目　的　包装不良の低下 ・内　容　原因を分析し、対策を講じる ・期　限　○○月○○日まで

ツリー構図の応用。単なる相談は新入社員の数カ月まで。提案を加えてはじめて一人前

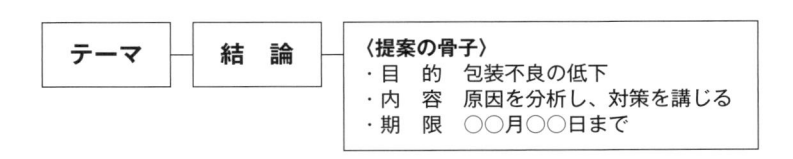

相手が喜ぶ、納得する話が説得力を生む

相手が受ける利益は何かを明確にすると効果的

■説得力のある話し方をロジカルシンキングで獲得

テレビや講演などで、説得力のある話し方をしている人を思い浮かべてください。その方は、声の大きい方ですか？　身振り手振り（ボディーランゲージ）が多いですか？　体が大きく目立つ方ですか？　必ずしもそうとは限りませんね。

実は、説得力のある話し方をしている人たちは、意識的にそのような話し方を身に付けているものなのです。そして、その基本がロジカルシンキングです。

みなさんもその方法を身に付ければ、誰でも説得力のある話

し方ができるようになります。

■聞き手が期待する情報を入れて話す

ＦＡＢＥ技法というマトリックス構図を応用した話法があります。これは、提案する商品やサービスが聞き手の欲求を満たす上で、いかに有効であるかを説明する話法です。

ＦＡＢＥ技法で話す時に強調すべき点は**手順３．便益**です。

話法の作り方

手順１．物理的特徴（Feature）……商品やサービスの持つ物理的特徴や訴求点を述べる。

手順２．利点・機能（Advantage）……その物理的特徴はどんな利点や機能があるかを説明する。

手順３．便益（Benefit）……聞き手にとって商品やサービスがもたらす本質的な利益は何かを説明する。

手順４．証拠（Evidence）……手順１～３までの物理的特徴、利点・機能、便益に関する証拠となる資料がある場合、聞き手に提示する。

（事例：保険会社）

「当社の営業担当者は、全員「ファイナンシャルプランナー」の資格を有しています**（物理的特徴）**。

従って、保険商品のみならず、あらゆる金融商品について通じています**（利点・機能）**。

ですから、お客様のライフプランに合わせた無駄のない保険プランを立てることができます**（便益）**」

――ファイナンシャルプランナー資格証の提示**（証拠）**。

■事実を挙げて意見を述べる

誰もが認める事実を並べ、そこからこうなるのではないか？という予測を述べます。これは、新聞記者が記事を書く場合にも使われる方法です。

（事例：X国と各業界のアジアでの動向）

「X国での賃金の高騰により、アジア諸国への生産拠点の分散化は

■保険会社、自社PRの例

特　徴	利点・機能	便　益	証　拠
保険担当者は一流のファイナンシャルプランナー	保険商品のみならずあらゆる金融商品について通じている	お客様のライフプランに合わせた無駄のない保険プランを立てられる	ファイナンシャルプランナー資格証の提示

従って　**ですから**　**その証拠は**

FABE技法では、接続詞を意識的に挟むとスムーズに話せる

拡大するのではないか？」

「X国に工場を持つ自動車メーカーのA社は、工場の一部をベトナムへ移した（事実）」

「同様に、自動車メーカーのB社とC社も、X国の工場の一部をタイへ移した（事実）」

「自動車業界だけでなく、家電やアパレル業界もX国の工場の一部を、他の国へ移管し始めるのではないか？（意見）」

■数字を入れて話す

事実情報の中で、もっとも説得力があるのは数字です。話の中でいくつか数字を交えて話すと効果はてきめんです。

（事例）

「わが社は、画像センサーにおいて世界シェア40％を獲得し業界トップです」

「当社のエンジン技術により、ガソリン1リットル当たり35キロという低燃費の軽自動車の開発を実現しました」

■事実＋推論（意見）で説得力を上げる

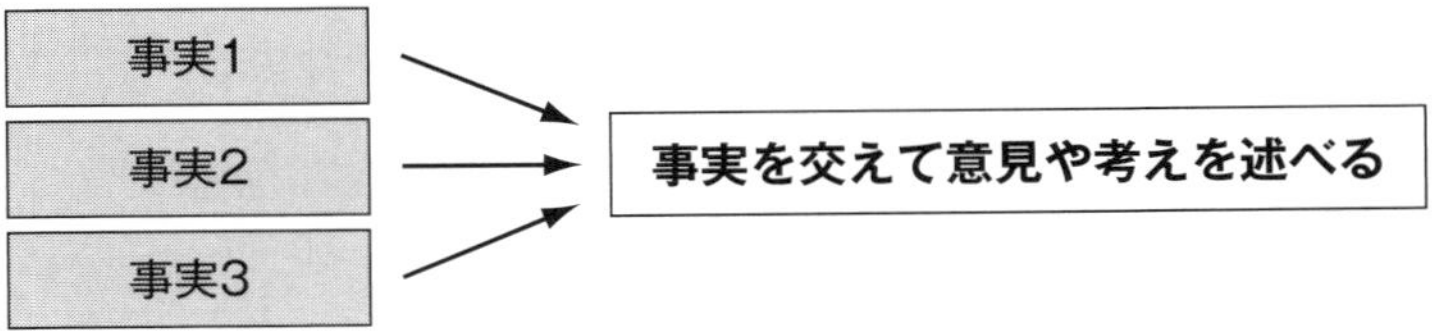

**誰もが認めざるを得ない事実をあげ、だから
こうではないか、という自分の意見や考えを述べる**

ロジカルシンキングで英語が上達する

論理的な思考の応用で、独学でも英語を身に付けられる

■ロジカルシンキングは日本語と英語の橋渡し

私どもの会社では、ロジカルシンキングの研修の他に、英語研修を実施しています。実は、両者には深い関係があります。そもそも、ロジカルシンキングはアメリカで発達し、日本に導入された学問です。ですから、ロジカルシンキングの考え方や話し方は、そのまま英語に通じます。

日本語から英語への変換は、一度ロジカルシンキングで日本語を組み立て、英語に変換するという方法を取ればよいのです。短い話ならば頭の中で、長い話ならばメモにして行います。

■英語によるビジネスコミュニケーションの作り方

英語で話したい内容 → **ロジカルシンキングで日本語を整理する** → **英語に変換**

日本語をいきなり英語に変換してしまうと、ネイティブには通じない場合が多い

■日本語を整理して英語に変換

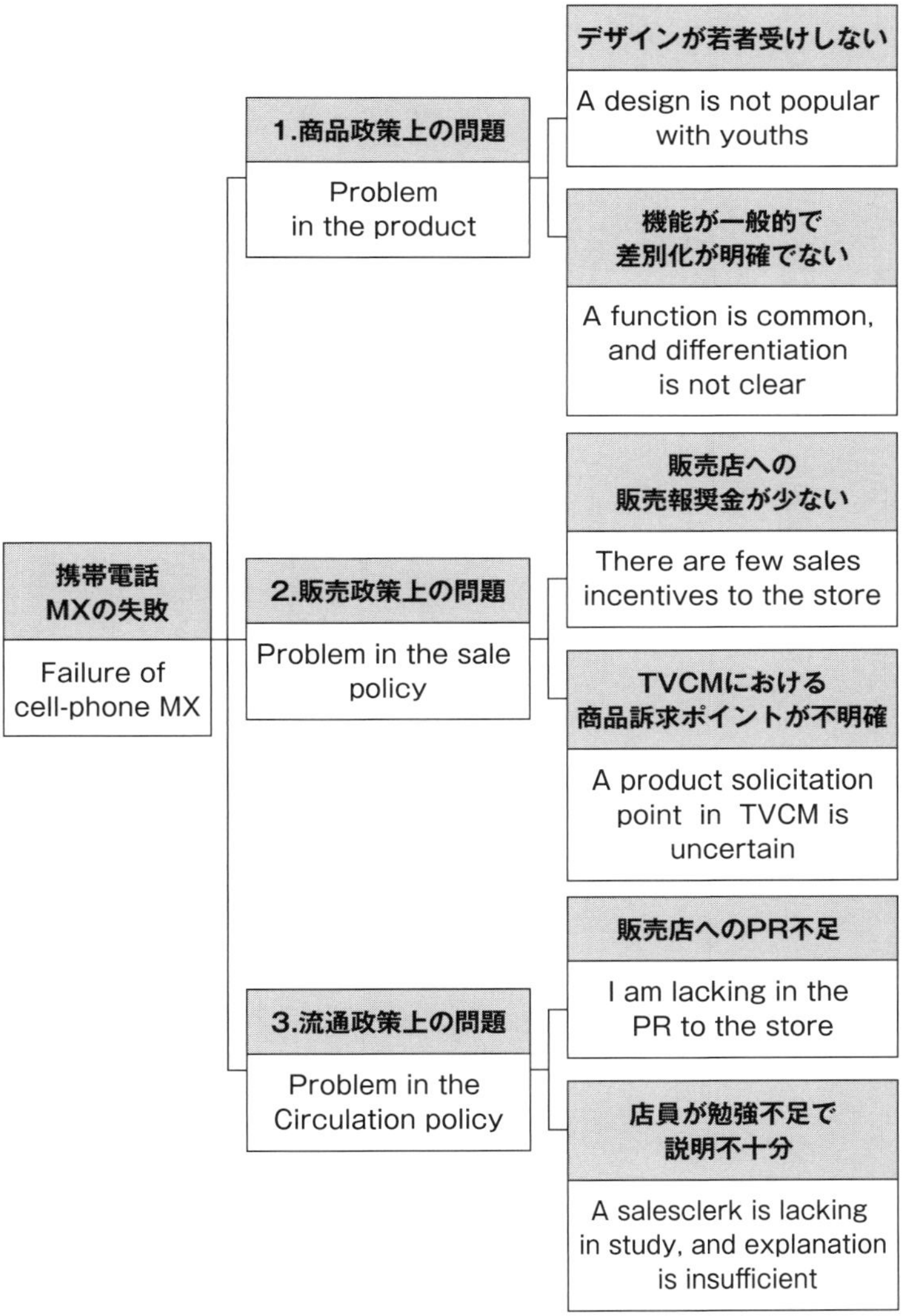

ビジネスコミュニケーションで大事なのは、
単語力よりも論理的に構成を立てる力

■スピーキングは日本語を直訳しても英語にはならない

ニュースでこんな笑い話がありました。

日本への外国人観光客が急激に増加して、観光地の整備が追い付かない状況が続いています。

ハイキングで有名なある観光地の山道に「You are danger」という立て看板が立っていたそうです。これでは、「あなたは危険です」という意味になってしまいますね。恐らく、この場所は危険ですから気を付けてください、ということを言いたかったのだと思います。

このように、日本語を直訳しても英語にはならないのです。日本語の意味を踏まえて、英語の型に変換するという作業がスピーキングには必要となります。

■リスニングは聞いているだけでは上達しない

弊社の講師が、ある企業で「どのような英語の練習方法をしていますか?」という質問をしました。すると、「聞き流しのCDを聞いているだけ」と答えた方が、半数近くもいたのです。

さらに、「効果はありましたか?」という質問に対してイエスと答えた方はゼロでした。ある程度の英語力がすでにあるならともかく、基礎が十分にできていない方がいくらこうした練習をしても効果はありません。

リスニング力を高めるには、固有の練習方法が必要になるのです。

その練習方法として、シャドーイングとディクテーションというものがあります。これは、何度もネイティブの発音を真似て話す、書き留めるという練習です。

■英語は独学で十分に身に付けられる

正しい練習方法を身に付け、根気よく毎日行えば英語は身に付きます。実際、弊社の英語講師は、独学で英検1級、TOEIC990を取得しました。

■シャドーイングとディクテーション

シャドーイング — ネイティブの発音を聞きとったそばから、少し遅れて同様に発音する練習

リスニング・発音・リズム・イントネーションの習得 。英語を「正確に聞き取って即座に口から出す練習」。会話は止まってくれないので最初は途惑うが、スムーズにできるようになればリスニング力とスピーキング力が飛躍的に向上。

ディクテーション — ネイティブの発音を聞き、書き取る練習

〈効果〉耳で聞いてみると難しいのに、英文を見たら簡単な文章だったという経験は誰でもある。それは「音」と「文字」の結び付きが弱いから。ディクテーションの練習で、よく知っている単語（または熟語）がどう聞こえるかがよくわかるようになる。

TRAINING

❹ 論理的に話しているかを自己チェック!

本書では、ロジカルシンキングを使って論理的に話す方法を紹介しました(96ページ参照)。みなさんはどれだけ論理的な話法ができているか、現状を下の表で客観的に自己評価してみてください(採点は5点満点)。

	着眼点	採点
①	話のテーマは明確か	1　2　3　4　5
②	結論は明確か	1　2　3　4　5
③	テーマと結論は一致しているか	1　2　3　4　5
④	テーマと内容は一致しているか	1　2　3　4　5
⑤	構成は整理されているか	1　2　3　4　5
⑥	話の内容はわかりやすいか	1　2　3　4　5
⑦	内容は絞られているか	1　2　3　4　5
⑧	専門用語については聞き手にわかるよう、説明しているか	1　2　3　4　5

※自己チェックのポイント

・6カ月に1回など定期的にチェックする
・あなたをよく知っている上司や先輩からもチェックを受けるのが理想

第 5 章

論理的な文章を作る

手順と効果的なビジュアル手法を覚えて、
早く、正確に、わかりやすく伝える

ロジカルライティングでわかりやすい文書を書く

序論と本論を組み立て、事実と推測をはっきり分ける

■早さ、正確さ、わかりやすさが求められる

ビジネス文書の作成では、**早さ**、**正確さ**、**わかりやすさ**の3点が求められます。

《早さ》

何を伝えたいのかが、すぐにわかるような文書構成が求められます。そのためには、序論と本論を組み立てることです。

序論に入るのは次の5つです。

① テーマ——何の文書か

② 結論（結果）——何を言いたいのか

③　目的（目標）——何を達成したいのか
④　背景——なぜ、この文書を提示するかの背景
⑤　成果——何が得られるか

本論に入る情報は、基本3構図を使用して、内容がすぐにわかるようにします。

《正確さ》

特に、**事実情報**と**推測情報**は明確に分ける必要があります。文書の中で、何が事実で、何が推測なのかを混在させてしまうと正確に情報が伝わりません。

《わかりやすさ》

何が書いてあるのかわかりやすくするためには、全体の論理展開がしっかりしていることと、ビジュアル化が必要です。ビジュアル化されずに、だらだらと文字ばかり多くては、何が書いてあるのか理解するのに骨が折れます。

ツリー構図、マトリックス構図、プロセス構図の考え方を応用して、視覚に訴える工夫も必要です。

■ツリー構図に基づいた文書例

（テーマ）社員のマナー向上策について

（目　的）企業風土の改善

（背　景）職場風土が乱れてきている

社員のマナー向上策について以下の３点を提案

1. 社会人としてふさわしい服装と身だしなみに気をつける。

【具体策】
・男性は紺かグレー色系のスーツを着用する。
・女性は華美な服装や化粧を控えめにする。

2. 社会人としてふさわしい態度をとること。

【具体策】
・社内の人間、来客者に関わらず挨拶を徹底する。
・休憩室、トイレでの私語は控えめにする。

3. 社会人としてふさわしい言葉遣いに気をつける。

【具体策】
・正しい敬語の使い方に心がける。
・正しい電話応対に心がける。

上記の「社員のマナー向上策について３点を提案」は、下記のようにツリー構図を使って文書が構成されている。

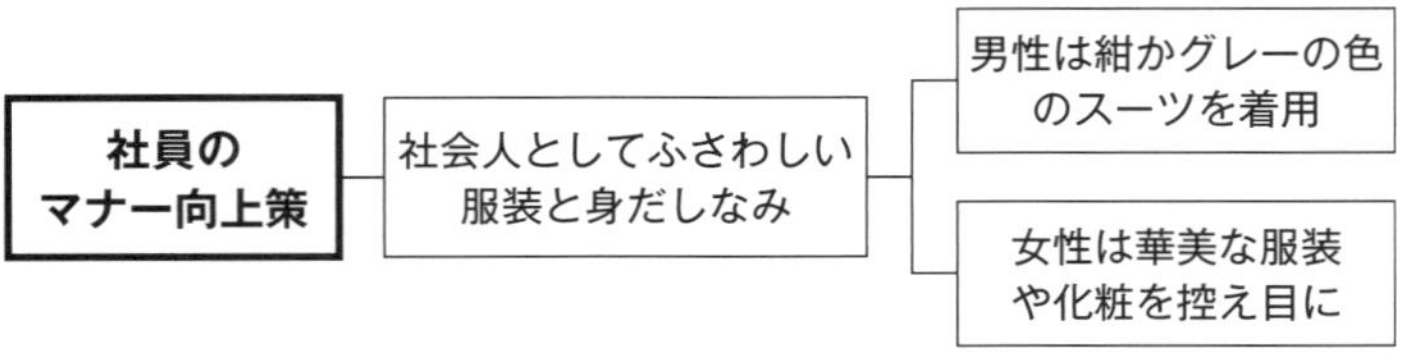

具体策、事例、詳細な説明文などは、ツリー構図で構成を立ててから書くことにより簡潔明瞭な文書が作成できる

■プロセス構図に基づいた文書例

〈プロセス構図に基づいた文書例〉

テーマ	住宅のクレーム件数を減少させるための工程上の確認事項
目　的	年間クレーム件数を10%削減する
背　景	クレーム処理に関わる費用が営業利益率を10%圧迫している

住宅のクレーム件数を減少させるための
工程上の確認事項として以下の3点より検討

1. 設計時の確認事項

① 間取り図は家族の要望に合っているか
② 部材と住設機器の品質に問題はないか

2. 施工時の確認事項

① 耐震性の高い施工方法か
② 耐久性の高い施工方法か

3. 完成後の確認

① 図面通りの施工か
② 手直し工事はないか

上記「住宅のクレーム件数を減少させるための工程上の確認事項」は、
下記のようにプロセス構図を使って文書が構成されている。

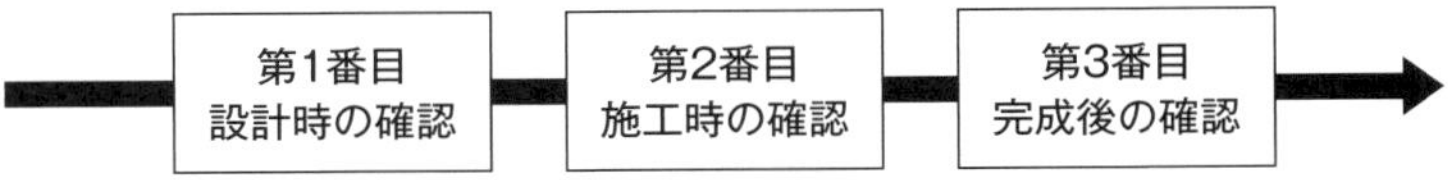

時間を追って解説する場合は、プロセス構図で構成を立ててから書くことにより読みやすい文書が作成できる

記憶に残る企画書を書く

手順に従って書けば、説得力ある企画書が作りやすい

■作成上の手順

1. テーマの設定……何についての企画書かテーマを設定
2. 目的・成果の設定……企画書の目的は何か、企画・提案を
   実行した際に期待される成果は何かを明らかにする
3. 背景……企画書を作成した背景や動機を明らかにする
4. テーマに関する情報収集……必要な情報を収集する
5. 情報の分析と整理……収集した情報を整理する
6. 企画書の構成……特に本論部分の構成を立てる
7. 企画書の作成……文字だけでなくビジュアル情報も挿入

■企画書の作成上の留意点

①**構成の立て方は適切か**
——企画書のテーマに基づき構成を立てていく

②**文字、表などの大きさは適正か**
——スライドは見づらくない大きさにする

③**情報量は必要最小限に**
——情報を正確に、早く、わかりやすく伝えるため

④**一文一義の原則**——ひとつの文章に持たせるのはひとつの意味だけ

⑤**回りくどい表現、難しい表現は避ける**
——正確に、早く、わかりやすく伝えるため

■手順に沿って書いた企画書完成事例

鈴木人事部長　様

○○○○年○月○日

ビジネス開発事業本部

山田 ●●

「営業活動改善の提案」

1.提案の背景

当社はこれまで担当者により営業活動の進め方が、まちまちでした。そのことが原因で、各担当者の営業成績に大きな格差を生じています。そこで営業活動の進め方を以下の通り３つのステップに分類し、改善することをご提案します。

2.提案内容

第１ステップ　計画の立案

現在、事前に計画を立てず訪問活動を行う営業担当者が、半数以上おります。これが原因で１社当たりの訪問回数が多くなったり、お客様のニーズに合わない提案をしたりすることがたびたび見受けられました。

そこで以下の４点の計画を立てることが必要です。

①販売計画　②活動計画　③競合対策　④販売促進策

第２ステップ　訪問活動のプロセス管理

現在、訪問活動のプロセスにもばらつきがあり、管理もされておりません。そのことにより著しく生産性が低下しています。

そこで、以下６点のプロセス管理の徹底が必要です。

①訪問準備　②商談　③受注契約　④納品　⑤回収　⑥アフターフォロー

第３ステップ　検証と評価

個々の訪問活動の振り返りと評価が徹底しておりません。そのことにより商談が成功した場合も、失敗した場合も、その要因が明確になっていないのが現状です。また、契約後のお客様からのクレームが多く発生している原因にもなっています。

そこで、以下３点の検証と評価が必要です。

①活動結果の検証　②目標に対する評価　③上司からの指導

以上３つのステップからの改善案を徹底することにより、営業担当者のレベルアップを図ることを提案します。

複雑な内容の企画書でも構成をしっかり組み立てれば相手に伝わる

ビジュアル表現を効果的に使う

3構図を応用した3つのビジュアル図

■ 企画書における時代の変遷

現在の企画書は、なるべく少ない情報で内容がすぐにわかる企画書が主流となっています。企画書にも、**早さ、正確さ、わかりやすさが求められているのです。**

そのために重要なのが、ビジュアル表現です。ここでは、3構図を基本としたビジュアル表現の方法を紹介します。

この方法を身に付けておけば、企画書やパワーポイントのスライドを作成する際に役立ちます。3構図の特性を生かし、創造的な図を作成してみてください。

■ツリー構図から視覚に訴える情報伝達方法へ

BEFORE

- ICカードの顧客サービス内容
  - 1.流通サービス — デパートやスーパーで現金を使用せず、電子マネーとして利用可能
  - 2.交通機関サービス — 鉄道やバスに現金を使用せず、カードで利用可能
  - 3.個人情報サービス — 学校で学生証、企業で社員証として利用可能
  - 4.金融機関サービス — キャッシュカード、クレジットカードとして利用可能

AFTER

テーマ　ICカードの顧客サービス内容

結　論　１枚のICカードで、顧客サービスの向上が図れる！！

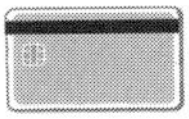

流通サービス	交通機関サービス	個人情報サービス	金融機関サービス
デパート、スーパー	鉄道、バス、飛行機	企業、学校	キャッシュカード、クレジットカード

現金を持たずに買い物ができる

カードを読み取り機にかざすだけで乗車できる

社員証、学生証として利用

現金の引き出し、クレジットとして利用

ツリー構図をビジュアル化すると、さらに早く、読みやすく、わかりやすく、記憶にも残る

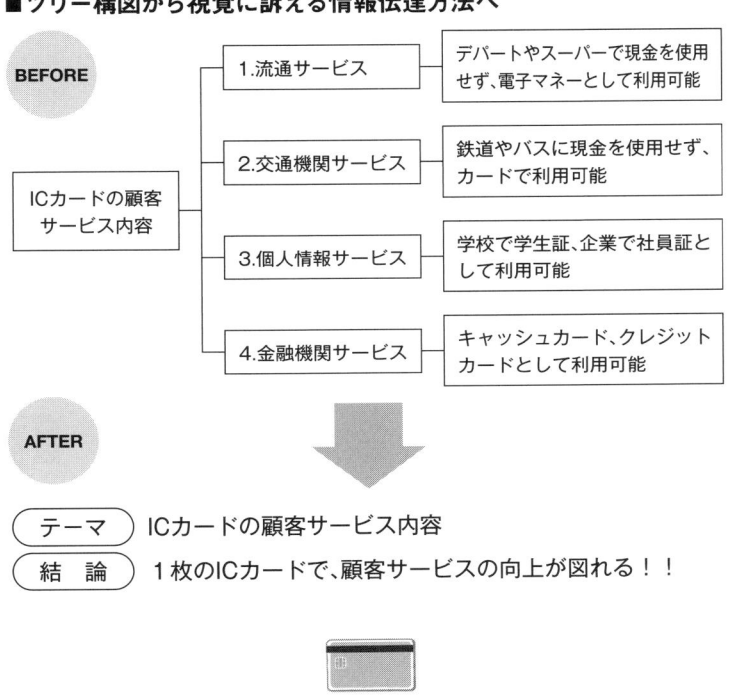

■プロセス構図を応用した展開構図

展開構図は、プロセス構図の事象を時間軸で捉えるという特性を持っています。

下欄は、展開構図の特性を生かして事業、商品、サービスなどの経営計画や成長過程などをビジュアル的に示した構図の事例です。

■２つの基本構図を組み合わせた時系列対比構図

時系列対比構図は、マトリックス構図とプロセス構図を組み合わせた複合構図です。

マトリックス構図の特性である「情報と情報を比較する」という考え方と、「情報を時間軸で整理する」というプロセス構図の考え方を組み合わせています。

１３９ページの下欄は、ある企業が社内情報システム構築のために、社員に対してノートパソコンもしくはスマートフォン

■ワッフルの新規事業計画

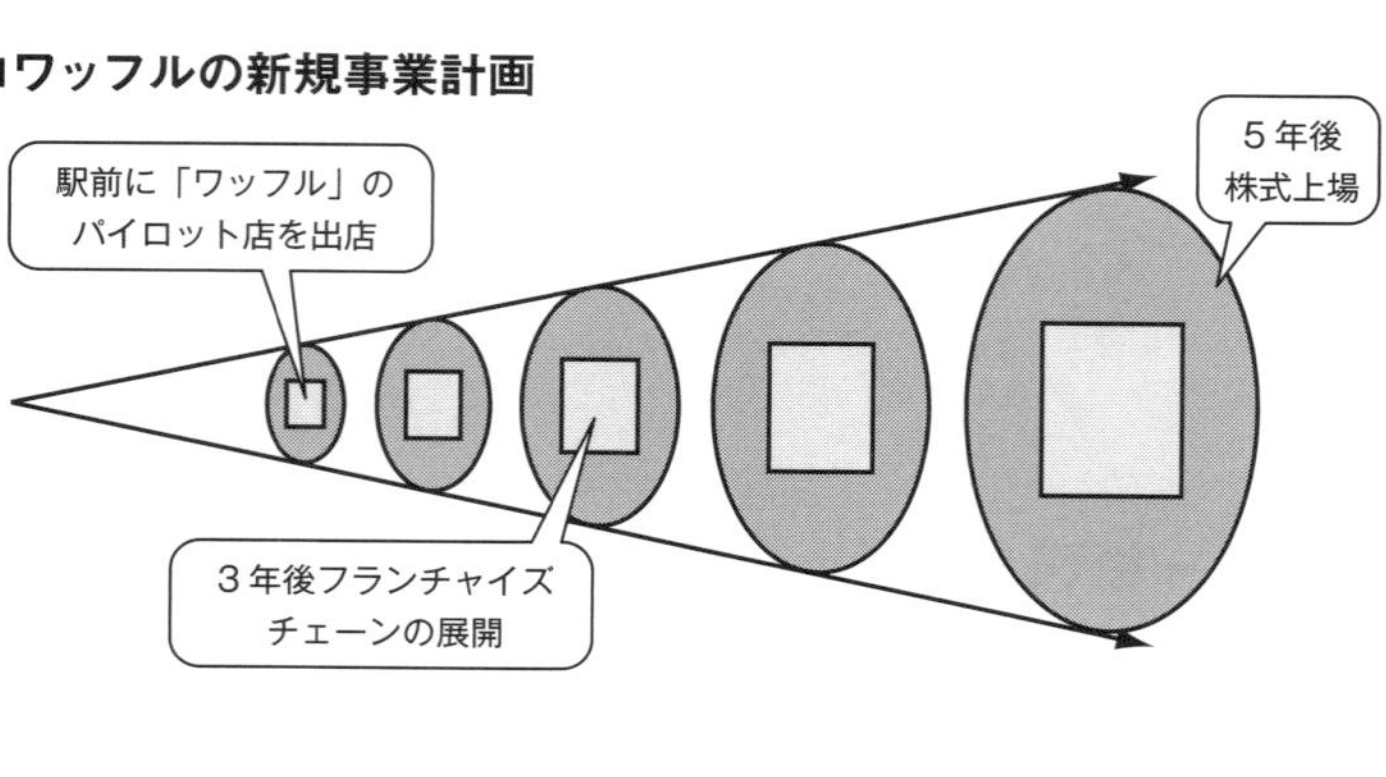

の、どちらを所持させるかを提案しています。

その際の説得材料として、1．購入時、2．導入時、3．整備時といった時系列で、A．操作性、B．経済性、C．作業性からノートパソコンとスマートフォンを比較したものです。

■手順をビジュアル化したネットワーク図

プロセス構図の応用として、ネットワーク図があります。これは、作業手順を視覚に訴えた応用構図です。ひと目見て、次に行う作業がわかります。

また、一度に複数の業務を行う場合も、この図を使うとわかりやすくなります。

140ページの図は、「1．システムの設計」から「5．システムのテスト」までの作業が、従来は10日間かかっていたのが、8日に短縮できることを、ネットワーク図を使用して説明しているものです。このネットワーク図は、IT・建設業界で一般的に使われています。

■複合構図で違う角度の情報を整理する

〈ノートパソコンとスマートフォンの比較例〉

	購入時			導入時			整備時		
	操作性	経済性	作業性	操作性	経済性	作業性	操作性	経済性	作業性
ノートPC	—	▲ 1台当たり12万円	—	○ 簡単	—	○ 手間がかからない	—	○ コストがかからない	—
スマートフォン	—	○ 1台当たり6万円	—	▲ 中高年には研修が必要	—	—	—	▲ 初期コストの3倍	—

■プロセス構図による原因分析の事例

以下の、1.システムの設計～5.システムのテストまでの作業が10日もかかっている原因を分析する。

作業内容	先行業務	作業期間
1. システムの設計	なし	3日
2. PC関係機器の購入	1	2日
3. 担当者の教育	1	2日
4. システムの設置	2	1日
5. システムのテスト	3、4	2日

ネットワーク図

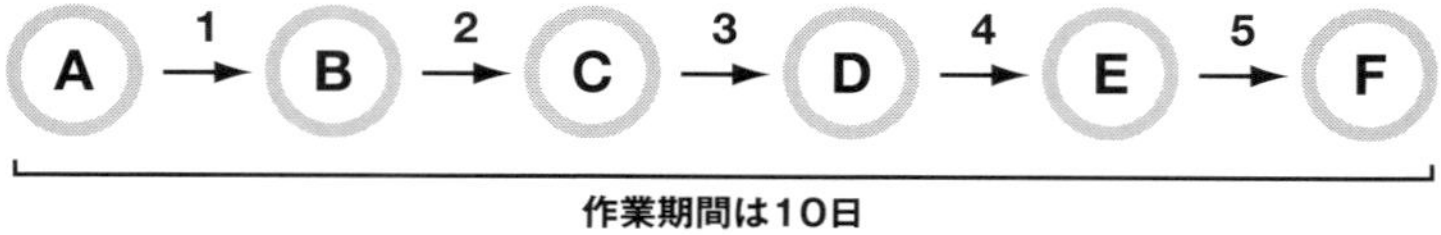

【分析方法】

①作業内容を把握する。つまり、いつ、どこで、誰が、どのように行うかを確認する(5W1H)。

②先行業務により、各作業はどの作業が終わらなければ実施できないか確認する。

例: 4. システムの設置は、2. PC関係機器の購入が終わらなければ実施できない。

③ある先行業務が終われば、複数の作業が同時に行えるものがないか確認する。

例: 上記の1. システムの設計が終われば、2. PC関係機器の購入と3. 担当者の教育は同時に行うことができる。

【分析結果】

1. システムの設計が終われば、2. PC関係機器の購入と、3. 担当者の教育は**同時に行えるのに、行っていなかったため2日も余計にかかっていた**。以下のような作業手順ならば全体の作業期間は8日間に短縮できる。

ネットワーク図

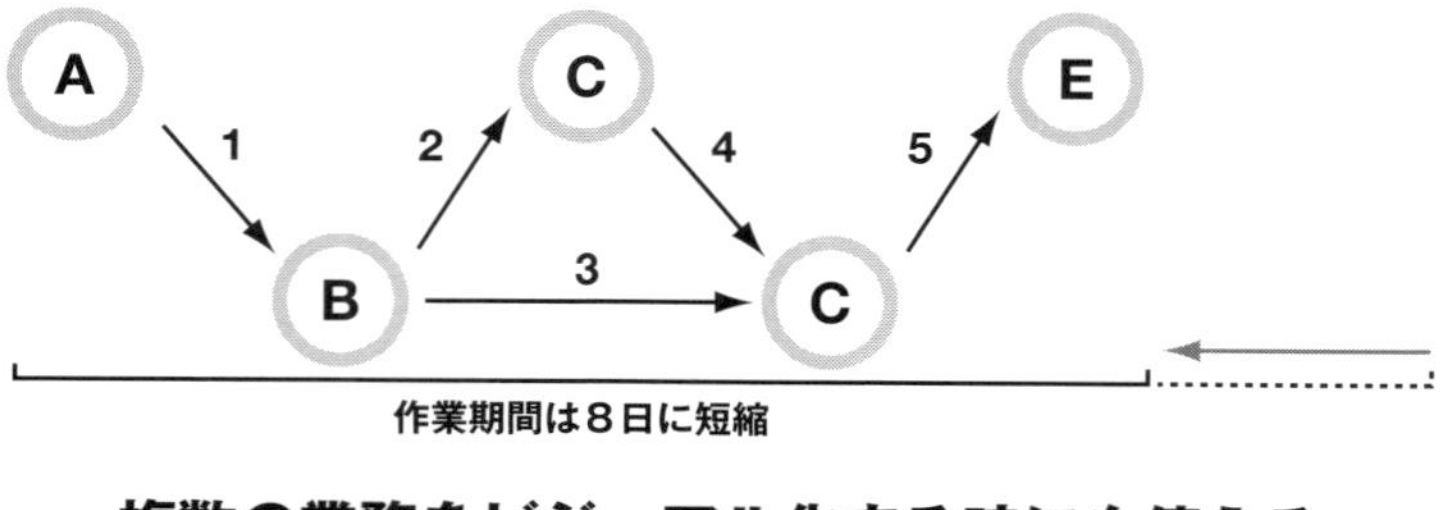

複数の業務をビジュアル化する時にも使える

■問題解決構図をビジュアル化してみよう

［事例：「人と話すのが苦手」を解決］

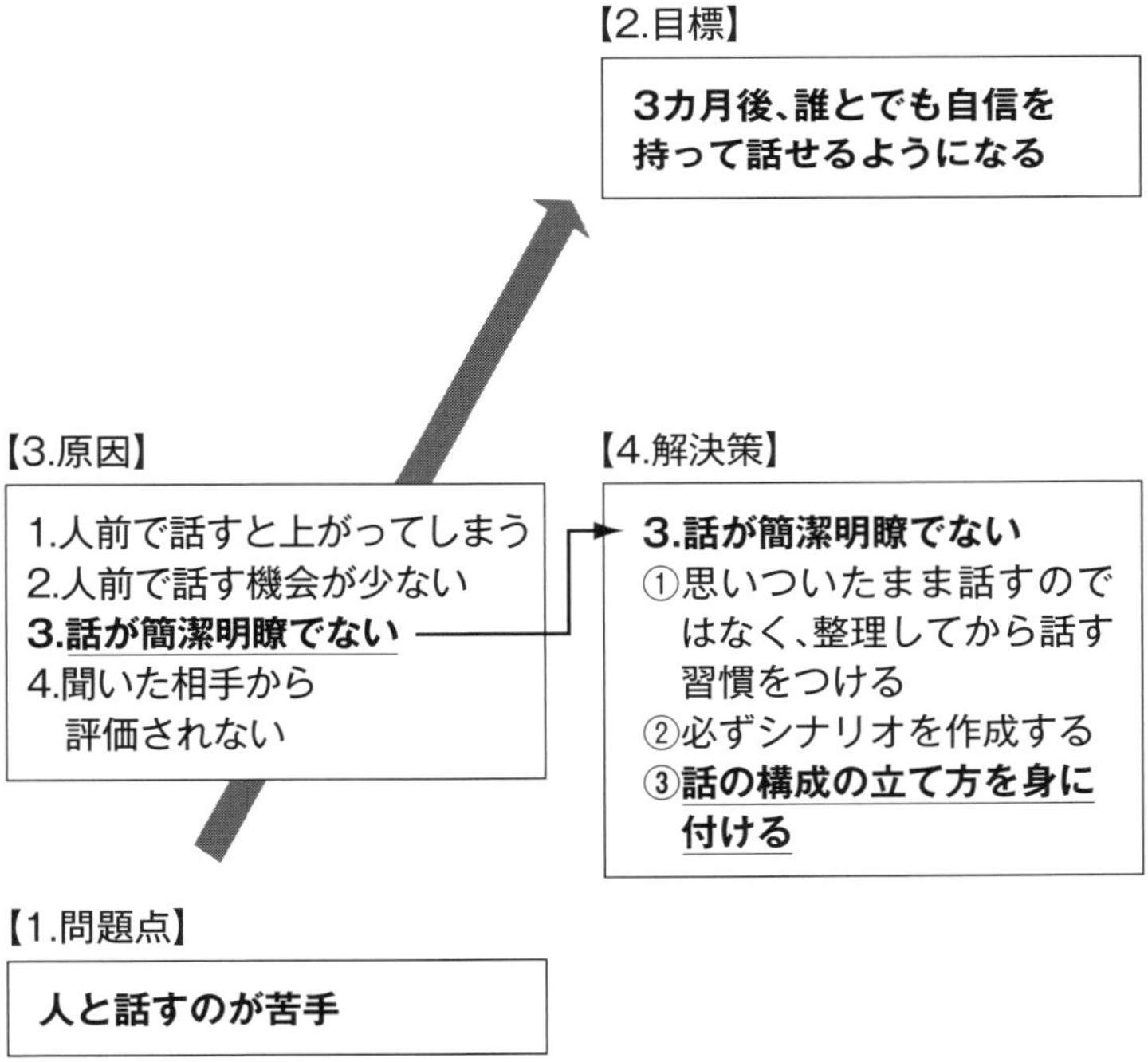
【2.目標】
3カ月後、誰とでも自信を持って話せるようになる
【3.原因】
1.人前で話すと上がってしまう
2.人前で話す機会が少ない
3.話が簡潔明瞭でない
4.聞いた相手から評価されない
【4.解決策】
3.話が簡潔明瞭でない
①思いついたまま話すのではなく、整理してから話す習慣をつける
②必ずシナリオを作成する
③話の構成の立て方を身に付ける
【1.問題点】
人と話すのが苦手

ツリー構図の大項目に、問題解決のプロセスである1.問題点、2.目標、3.原因、4.解決策を置く。
次に、問題点から解決策までのプロセスをビジュアル的に表す。問題点という現状が、目標という高いレベルまで改善されるためには、どのような原因を解決すればよいかを表している。

ビジュアルで表すことにより、何が問題で、どうしたいのかが理解しやすくなる

TRAINING

5 説得力のある話し方の話法を身に付けよう

【 問 題 】

自社商品／サービスを、マトリックス構図の応用である「FABE技法」を使ってPRしてください。

対象商品／サービス:　　　　　　対象者:

Feature（物理的特徴・訴求点）	Advantage（利点・機能）	Benefit（便　益）	Evidence（証　拠）

【 模範解答 】

対象商品／サービス:軽自動車　　　対象者:乗り換えを考えている高齢者

Feature 商品の価格、形、大きさ、デザイン、特徴	Advantage どのような機能や利点があるのか？	Benefit お客にどのような利益をもたらすのか？	Evidence その事実や資料は？
1. 自動ブレーキ	ブレーキの踏み忘れによる事故が減る	お年寄りでも安心して運転できる	ブレーキ性能テスト資料
2. 自動ドア	乗り降りが楽	ドアの開閉に力は必要ない	デモンストレーション
3. ハイブリッド	リッター35キロ走る	ガソリン代が節約できる	燃費性能資料

※解答のポイント

Advantage とBenefit の混同に注意。Advantageは一般的に誰にでも共通する利点や機能、Benefitは説得する相手にとってどんな利益が享受できるかを表す。

第 6 章

職場で活用する

別のビジネススキルに活用することで、
さらなる効果を狙う

プロセス構図と同じ考え方のPDCAサイクル

仕事の質を上げる効果的な手法のひとつ

■プロセス構図と同じ考え方のPDCAサイクル

段取りを立てて実行、振り返りを行い改善していく、というPDCAサイクルは、**プロセス構図の考え方**です。

組織の中において、集団で仕事をする場合でも、個人で仕事をする場合でも、効果を上げるための手順といえます。

その目的は、仕事の質を上げていくことです。商品やサービスの質を上げる、時間やコストを削減する、ミスや不良率を下げることです。そして、必ず**データを取り、評価を行うこと**を提案しています。そのツールが「PDCAシート」です。

■PDCAサイクル

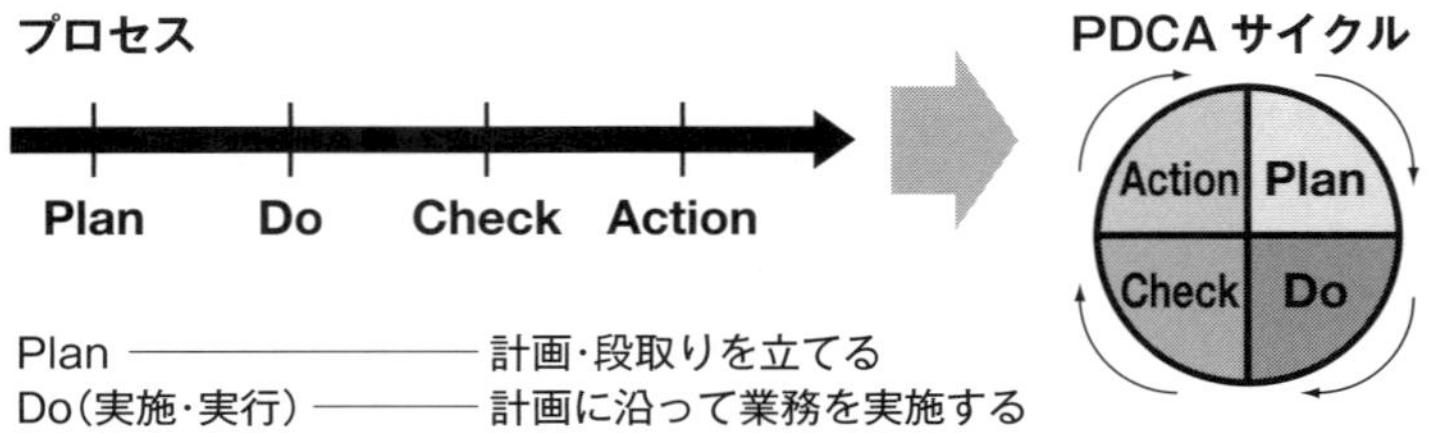

Plan ―――― 計画・段取りを立てる
Do（実施・実行）―――― 計画に沿って業務を実施する
Check（点検・評価）―― 実施した仕事の点検と評価を行う
Action（処置・改善）―― 改善方法をPlan（計画・段取り）へ繋げる

■PDCAシートの作り方ポイント

Planシート

1.目的・目標の明確化 ―― この仕事は何のために行うのか、いつまでに(期間)、何を得るか(成果物)を明確にする
2.作業の洗い出し ―― 仕事を完遂するための作業の洗い出しを行う
3.作業手順の設定 ―― 作業手順を確認する
4.各作業時間の設定 ―― はじめは見当がつかなくても、必ず時間を算出する
5.リーダー・その他役割分担 ―― リーダーが仕事の責任者となり全体を管理する
6.スケジュール表の作成 ―― ガントチャートを作成

Doシート

計画に沿って業務を実施する。その際、計画通り業務が遂行できない障害や改善点が見つかったら、データを取っておく。

Checkシート

1.作業項目に過不足はなかったか ―― 計画段階で洗い出した作業において、漏れがあったか、反対に余計な作業はなかったか
2.リーダーは的確に機能していたか ―― 作業全体を把握し、各担当者に対して指示を与えたり、支援をしていたか
3.時間管理は的確だったか ―― 作業時間は当初の計画通りだったか、加不足はなかったか。作業が遅れた場合、その処置を講じていたか
4.メンバー同士の報連相は的確に行えたか ―― メンバー全員が、的確に報連相を行っていたか

Actionシート

1.うまくできたことを更に伸ばす方法 ―― 計画通りうまくできたことは更に伸ばす
2.うまくできなかったことの改善方法 ―― 改善方法を考えPlanへ繋げる

良い成果(パフォーマンス)を得るためには、各シートを正確に作成しPDCAのDoに繋げること

ロジカルファシリテーションで実のある会議を実現する

問題解決のプロセスを使って効果的に会議を運営

■使う機会が年々増加するファシリテーション

ファシリテーションとは「公平な立場で組織のパフォーマンスが最大となるように、論理的に課題解決を支援すること」といえます。

企業のグローバル化の進展、仕事の専門化などにより、組織内部における意志決定事項や調整事項は、ますます増加傾向にあり、プロジェクト管理やミーティングなど、ファシリテーション（組織のプロセス管理）の機会も年々増えています。

今や企業にとって重要となったファシリテーションですが、

■ファシリテーターには大きく４つの能力が求められる

伝達能力	メンバーに対して正確に情報を伝達する。
ヒアリング能力	メンバーの話を正確に把握する。
翻訳能力	メンバーからの意見を他のメンバーへわかりやすく解説する。
問題解決能力	与えられた課題に対して論理的にファシリテーションを進める。

会議で問題を解決していくという展開では、41ページに紹介した**問題解決のプロセス**を使うのが有効です。

■ファシリテーションの手順は大半が問題解決と同様

ファシリテーションを進める人をファシリテーターといいます。プロジェクトやミーティングなどにおいて、参加メンバーの意見を正確に把握する、課題を明確にする、共通目標を設定する、課題を解決していくというプロセスを進めていきます。

ファシリテーションの手順は、149ページ図の①テーマの明確化から⑤実行計画へと進められます。③原因分析、④解決策、⑤実行計画は、問題解決の手順と同様ですのでここでは省略します。

そこで、①テーマ／現状と②共通目標について解説します。

■テーマ・現状の明確化

・テーマ（課題）の明確化……何についてのプロジェクトで、何の

■テーマ／現状の設定事例

テーマ：DVDレコーダーKH1の製品不良率を減少させる。
現　状：過去2年間、製品不良率は、3.5％で横ばい。

テーマ：主力商品ホットポテトの最終契約率を向上させる。
現　状：昨年対比で最終契約率は、8％から5％と低下している。

テーマ：新入社員の早期育成の仕組みをつくる。
現　状：各部門の管理職に任せきりのため、仕事の習熟度にバラツキが生じている。

ためのミーティングなのかテーマを明らかにする必要があります。そして、テーマはなるべく簡潔明瞭に提示します。

・現状の明確化……テーマに基づいて、現状、状況、背景などを明らかにしなければなりません。そのためには、なるべく客観的データを収集します。

■共通目標は主目標と副目標を設定

テーマ解決のために、参加メンバー全員のコンセンサスが得られるような共通目標を設定します。

目標は、主目標と副目標より構成されます。主目標は、必達目標で期間やレベルなどの制約条件が付けられます。副目標は、主目標が達成されることにより獲得すべき成果（パフォーマンス）のことです。この目標が明確に設定されないと、解決策や実行計画と目標との整合性が取れなくなったりします。

■主目標と副目標の関係を理解する

事例１
・主目標（メインゴール）
９月30日までに、IPシステムを1,500万円で設置する（制約条件）
・副目標（サブゴール）
IPシステムの導入により、通信費を年間30％削減する（成果）

事例２
・主目標（メインゴール）
今年度中に仕事の質を下げることなく、労働時間を20％削減する（制約条件）
・副目標（サブゴール）
労働時間を20％削減することにより、総人件費を3％削減する（成果）

■ファシリテーションはこうやって進める

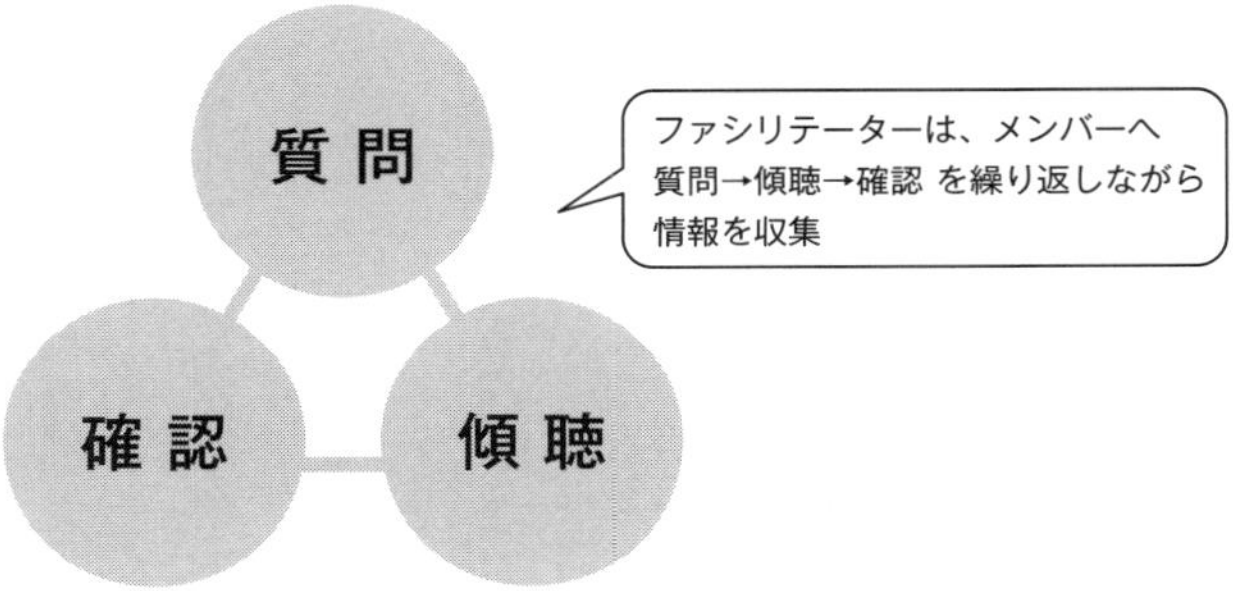

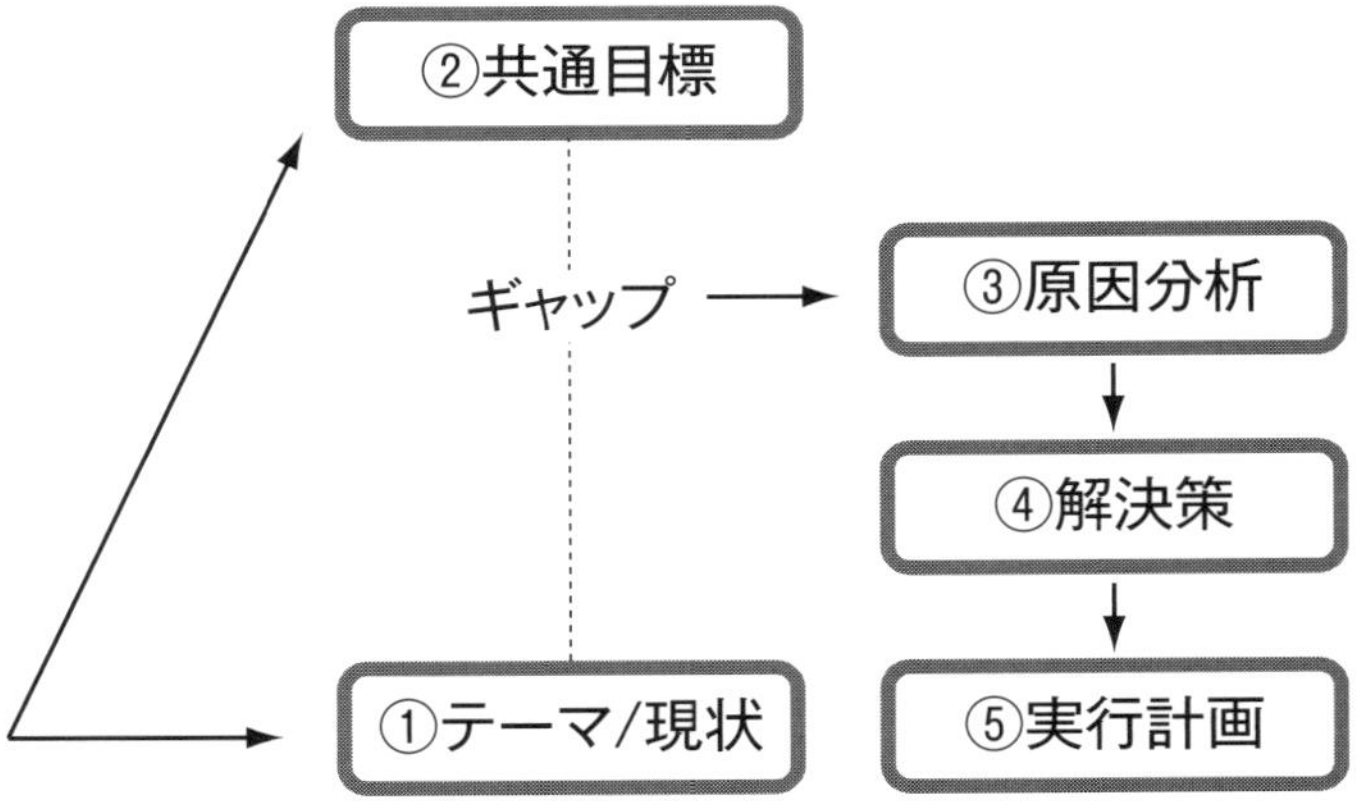

課題解決のプロセスは、
ロジカルシンキングの問題解決のプロセスと
基本的には同じ

ロジカルネゴシエーションでクールに問題を解決

感情的にならず論理的な手順を踏む

■問題解決のプロセスでスムーズに交渉

ビジネスにおいて、交渉しなければならないケースは山ほどあります。社内では同僚、先輩、上司、他部門などと交渉し、社外ではお客様、取引業者……と、対象は数えきれないほどあります。

交渉を進める上でもっとも重要な点は、交渉の基礎をきちんと身に付けて対応することです。そして、交渉手順では、ファシリテーションと同様、41ページの**問題解決のプロセス**を使うことでスムーズになります。

■交渉の前に交渉相手の数を把握しよう

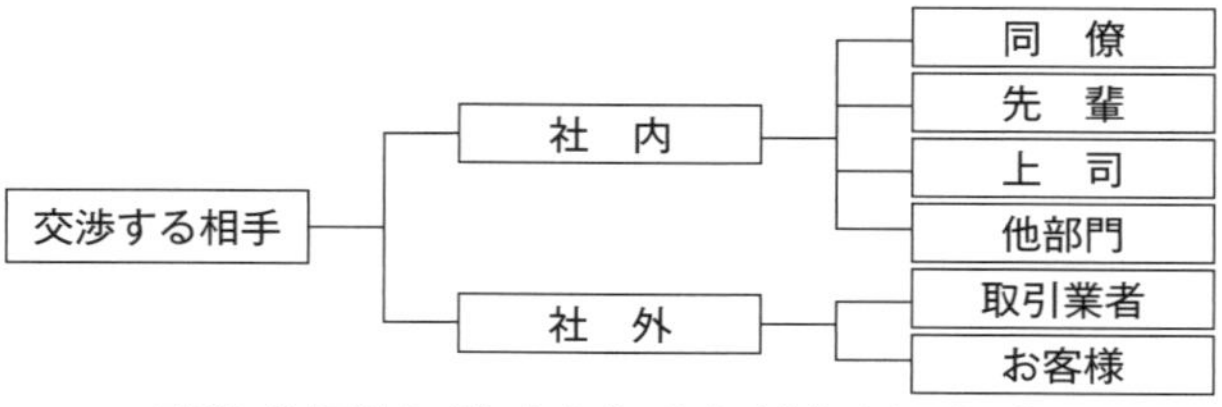

交渉を優位に進められるかどうかにより、
自己及び組織の利益に大きく関係してくる

■論理的に交渉する手順を確認する

事例の設定:「Ａ百貨店」の８階にあるレストランのランチが評判になり、お客様が急に増加した。また、オーナーが折衝していた大手家電店が７階にテナントとして入り、お客様はさらに増加。急激なお客様の増加で１階エレベーターの前では長蛇の列となり、２階～６階にいるお客様は７階や８階へ行きたくても１階で満員なので乗れない。このような状態が続き、レストランのシェフはオーナーへ交渉することとなった。

1.交渉人の主張(自己主張)
　混雑解消のために、エレベーター増設を提案

▼

2.オーナーの主張(相手主張)
　百貨店は赤字続きなので、コストをかけずにエレベーターの混雑を解消したい

▼

3.共通課題
　レストランへ来る客と家電店へ来る客が利用するエレベーターの混雑緩和
　※エレベーター増設の有無が目的ではない

▼

4.障害点
・費用はあまりかけられない
・エレベーターを増設できない

▼

5.交渉策の案出
・レストラン客をピーク時の11:00～14:00 以外に分散させる
　①ランチの時間外サービス
　②ランチのテイクアウトサービス
・大手家電店が１階もしくは地下へ移動する

交渉をうまく進めるためには、交渉手順通りに進めること。
ポイントは２点。
・相手の主張を正確に把握すること
・自己主張と相手主張から共通課題を見出すこと

小手先の交渉策は、かえって事態を
悪化させることになる場合がある

→

STEP4
障害点
共通課題実現のための障害点を明らかにする

→

STEP5
交渉策
共通課題と障害点を解決する交渉策を案出する

交渉手順は、第２章の問題解決のプロセスと類似する。
相違点は、利害関係が生じている相手と共に、問題を解決するという点

感情を交えず、ロジカルに交渉手順に沿って行えば、不利な交渉でも必要以上のリスクは回避できる

STEP3 共通課題 — 双方のギャップから共通課題を見出す

①共通課題を設定する — 双方が満足する共通課題を検討。
②共通目的は双方の中間案ではなく、両者が主張している本質に目を向け設定する

〈留意点〉
①交渉策の案出を先走りしない
②構図で共通課題を明確にする — 情報を構図で整理していくと漏れや抜けがなくなる。

STEP4 障害点 — 共通課題の実現の障害点を明らかにする

①構図で障害点を明確にする

STEP5 交渉策 — 共通課題と障害点を解決する交渉策を案出する

①双方で交渉策の案を出し合うことを要請する
②アイデア性や工夫をこらして交渉策を検討していく

〈留意点〉
①ありきたりな交渉案では、共通目的を達成することが困難である場合がある
②双方で数多くの交渉案を出し、絞り込むようにすると、一方的であるという感情を抱かれない

もっとも重要なのはSTEP3 共通課題。双方が満足できる共通課題が設定できなければ、交渉策まで進まない

■5ステップで交渉する

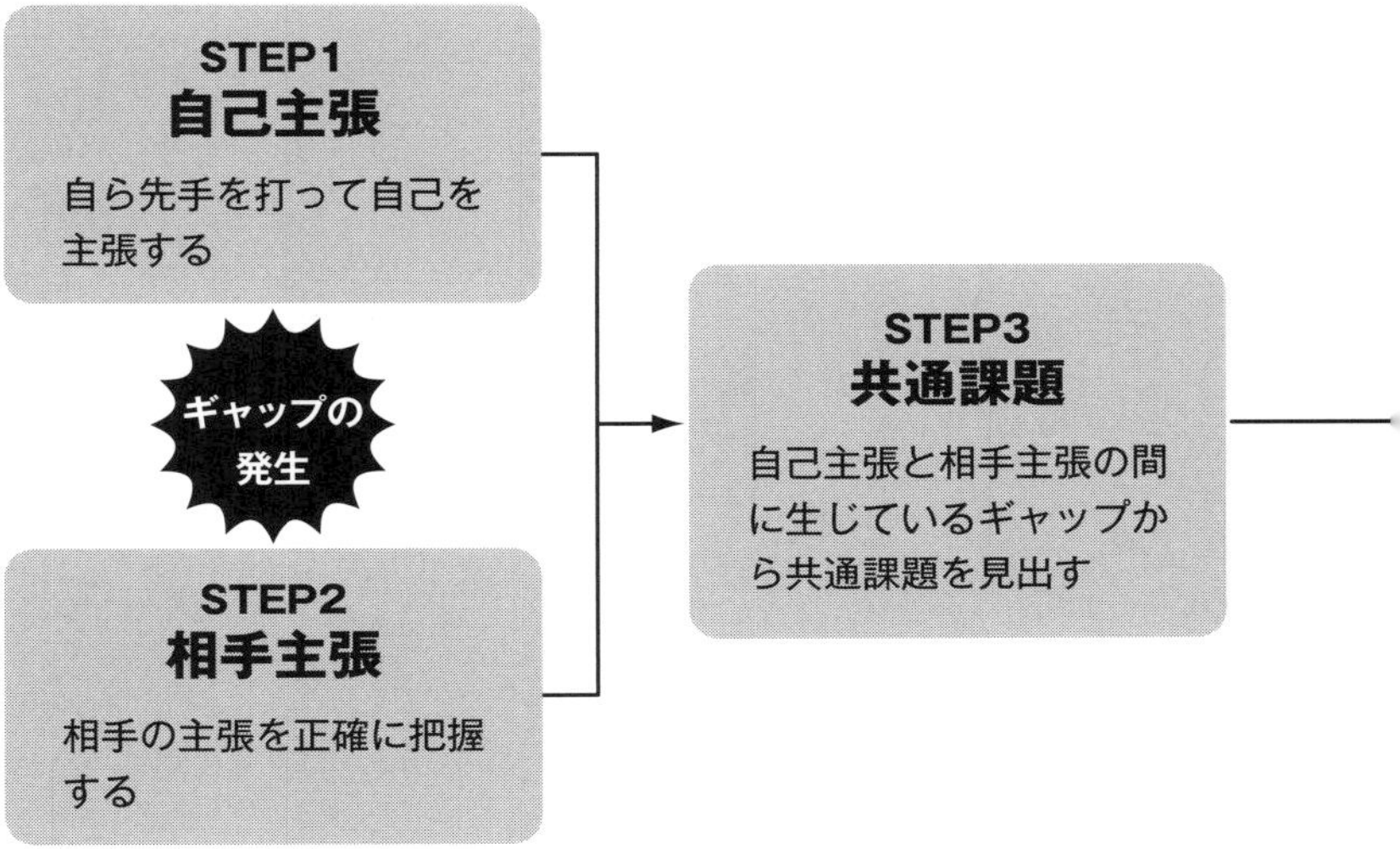
STEP1
自己主張
自ら先手を打って自己を主張する
ギャップの発生
STEP2
相手主張
相手の主張を正確に把握する
STEP3
共通課題
自己主張と相手主張の間に生じているギャップから共通課題を見出す

■交渉手順の解説と留意点

STEP1 自己主張 ― 自ら先手を打って自己を主張する

①イニシアティブを取り交渉を優位に進める
②自己主張の内容を相手にわかりやすく説明する ― 構図を頭に描き相手に話す。
〈留意点〉
①相手の反対意見を恐れない ― こちらが劣勢な立場でも堂々と自己主張する。
②相手と意見が異なるのは当たり前と考える ― 相手から途中で反論が出たら聞く姿勢を示す。

STEP2 相手主張 ― 相手の主張を正確に把握する

①自己主張と相手主張のギャップを明確にするように聞く ― 交渉上もっとも重要なポイント。
②相手に対して質問や確認をしていきながらギャップを明確にする
〈留意点〉
①相手主張の段階で、反対意見は言わない ― 反対意見を言われて納得する人はいない。
②必ず相手主張はメモを取るようにする ― 複雑な情報は構図を作成する。

問題解決のプロセスを使ったロジカルコーチング

部下と一緒に論理的に問題を考えていく

■答えを待つだけのコーチングは有効か？

私どもは毎年、１００社以上のクライアントと接しています。そこでよく出てくる話題は、コーチングが職場で使われていないということです。

コーチングの指導を受けた社員に話を聞くと、理屈はわかるがコーチングの進め方がよくわからないということです。

その足枷が、**「答えは相手が持っている」「相手に気付かせる支援活動がコーチングである」**という考え方です。この考えについて、現場で部下・後輩を実際に指導している方は、疑問に思うのではないでしょうか。

答えを持っている部下もいますが、持っていない部下もいますし、気付き方は相手によって異なるからです。

また、相手のスキルや性格を的確に把握し、相手が気付くようにコーチングできるようになるまでには、1日、2日の研修では、至難の業でしょう。カウンセリング的なスキルが要求されるからです。

■コーチングの型を身に付ける

まずは、きちんとコーチングの進め方を身に付けることが重要です。これをコーチングスキルといいます。コーチングスキルは1．質問のスキル、2．傾聴のスキル、3．受容のスキルから構成されています（159ページ参照）。

■問題解決のプロセスでソリューションスキルを磨く

コーチングは、部下の抱えている課題や問題を解決することが目的です。そのためには、ソリューションスキル（問題解決能力）が必要です。これは、41ページで紹介した**問題解決のプロセスと同じです。**

まず、相手が抱えている問題点を抽出します（**問題点の抽出**）。それを、いつまでに、どの程度改善するか設定します（**目標設定**）。現状と目標との間にあるギャップが起きている原因を分析し（**原因分析**）、原因を解消する策を案出します（**解決策**）。そして、解決策を実行する計画を立てます（**実行計画**）。

この、問題解決のプロセスを相手と共に考えて進めていくわけですが、どういう質問をしたら良いか、いきなりではわかりません。

そこで、私どもは「**質問シート**」というツールを作成しました。コーチングで使用する主な質問項目をまとめたものです。

このシートを使って練習をします。また、現場でコーチングを行う場合、慣れるまでシートで訓練をすることを提唱しています。

■コーチングの前に質問シートで慣れておく

対人関係形成会話

①最近どう？
②調子よさそうだね
③わかるよ、その気持ち
⋮

問題解決質問

1.問題点
①うまくやれていないことは何ですか？
②悩んでいることは何ですか？
③気にかかっていることはありますか？
⋮

2.目　標
①どんな状態になっていたら良いですか？
②どうなっていれば満足ですか？
③ありたい状態を教えてください
⋮

3.原　因
①どうしてうまくできないのですか？
②障害になっているのは何ですか？
③うまくいっている人との違いは何ですか？
⋮

4.解決策
①何をしますか？
②何ができますか？
③手伝って欲しいことはありますか？
⋮

5.実行計画
①どんな作業がありますか？
②どんな手順で行いますか？
③他の人はどんな方法で行っていますか？
⋮

事実質問

5W3H質問
①When　いつのことですか？
②Where　どこで起きましたか？
③Who　それはどなたですか？
⋮

この質問シートは、第2章問題解決のプロセスを参考に作成された。研修では、この質問シートを使いながら、部下・後輩への指導方法を訓練する。職場で慣れるまで、この質問シートを見ながらコーチングを行う。

研修では、この質問シートを使いながら、部下・後輩への指導方法を訓練する

2. 傾聴のスキル

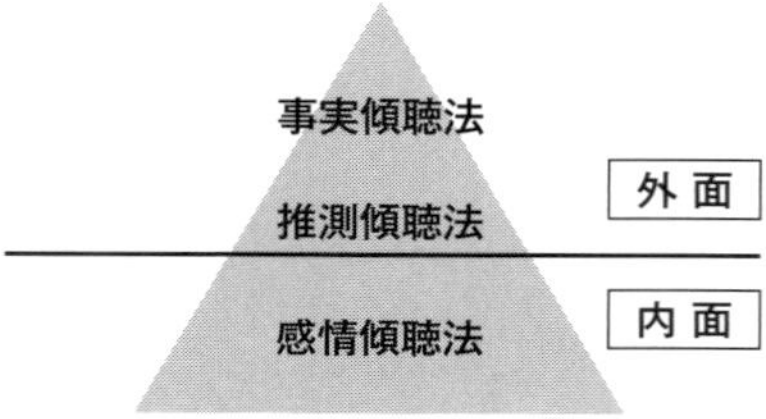

質問をして返ってきた答えを正確に把握するスキル。傾聴は情報の種類を意識することにより、正確に把握できるようになる。

事実傾聴 — 何が事実なのかを意識して傾聴する。5W1Hに関する答えが事実情報に該当する

推測傾聴 — 答えの中での推測情報を把握する（例：「最近の職場風土は活気がないように思います」）

感情傾聴 — コーチングを受けている相手の感情情報を把握

3. 受容のスキル

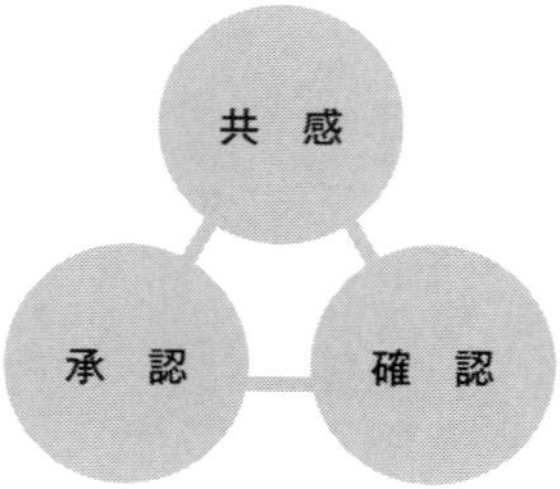

相手の答えや気持ちを把握するスキル。

共感 — 相手から返ってきた答えを、いったんすべて受け入れる。相手の立場になって考える

確認 — 相手から返ってきた答えを受け止めて、誤った解釈をしていないか確認（例：「君の考えは、機械の老朽化が故障の原因だということだね？」）

承認 — 共感、確認のプロセスを経て認められる点は、承認する（例：「その点は、君の功績だね」）

3つのコーチングスキルを回しながら、
部下・後輩の抱えている問題点を解決

■コーチングの3つのスキルを把握する

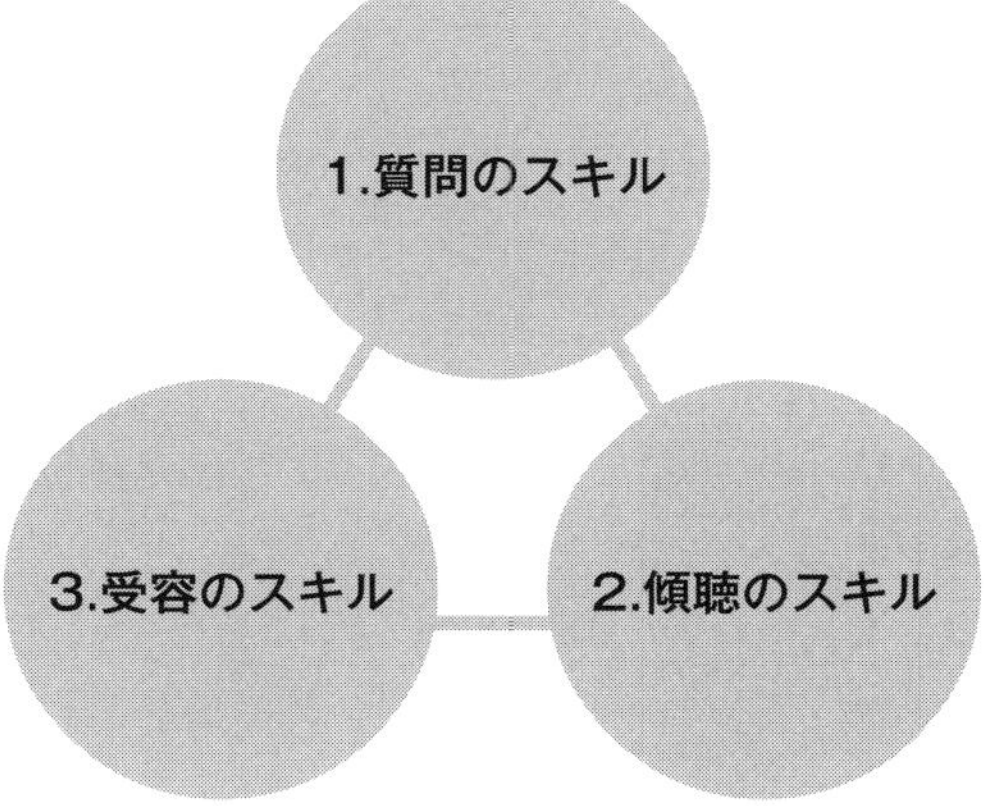

1. 質問のスキル

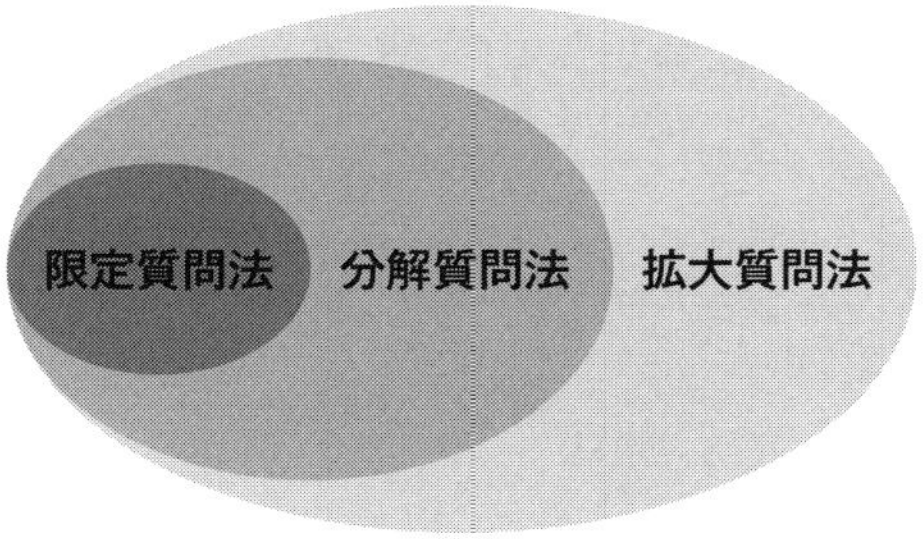

拡大質問、分解質問、限定質問を繰り返していきます。
拡大質問 ― 答えがいくつもあるような質問の仕方（例：「君はどう考える？」）
分解質問 ― 相手から返ってきた答えが抽象的であったり、概念が大きい場合に使用（例：「その原因は何だろう？」）
限定質問 ― 拡大質問や分解質問でほぼ明らかになったいくつかの答えを絞り込む時に使用（例：「5つの解決策が挙げられたけど、この中でもっとも効果性の高い解決策はどれだと思う？」）

著者紹介

本田一広（ほんだ・かずひろ）

株式会社日本ラーニングシステム代表取締役。中小企業診断士。
1954年東京生まれ。SMBCコンサルティング（旧住友ビジネスコンサルティング）にて、経営コンサルタントとして主に経営計画・人事制度の策定指導、戦略研修、マーケティング研修、管理職研修、営業マン研修等に従事。1990年より経営コンサルタント会社、日本ラーニングシステムを設立。行政機関及び一般企業に経営指導する一方で、「ロジカルシンキング」専門の社員研修を手掛けている。実践的な指導やインストラクション技術には定評がある。IT・家電・自動車業界を中心に、年間、約100社を対象に、2,800人以上の参加者数をほこる（これまでの参加者総数は約4万5,000人）。
著書に『実践ロジカルシンキング』（中央経済社）。

■連絡先
株式会社 日本ラーニングシステム
〒103-0023 東京都中央区日本橋本町2-3-6 協同ビル5階
TEL:03-3517-6566 FAX:03-3517-6577
URL http://www.j-learning.co.jp
e-mail logical@j-learning.co.jp

超解 ロジカルシンキングで面白《おもしろ》いほど仕事《しごと》がうまくいく本《ほん》

〈検印省略〉

2016年 8 月 13 日 第 1 刷発行

著 者――本田 一広（ほんだ・かずひろ）
発行者――佐藤 和夫

発行所――株式会社あさ出版
〒171-0022 東京都豊島区南池袋2-9-9 第一池袋ホワイトビル 6F
電 話 03（3983）3225（販売）
03（3983）3227（編集）
F A X 03（3983）3226
U R L http://www.asa21.com/
E-mail info@asa21.com
振 替 00160-1-720619

印刷・製本 美研プリンティング（株）
乱丁本・落丁本はお取替え致します。

facebook http://www.facebook.com/asapublishing
twitter http://twitter.com/asapublishing

ISBN978-4-86063-908-2 C2034